경영전략 관점에서 본
SDGs와 ESG

『経営戦略としての SDGs・ESG』(白井旬)
KEIEI SENRYAKU TOSHITENO SDGs・ESG

Copyright © 2022 by Jun Shirai
Original Japanese edition published by Godo Forest Inc., Tokyo, Japan
Korean edition published by arrangement with Godo Forest Inc.
through Japan Creative Agency Inc., Tokyo and BC Agency, Seoul

경영전략 관점에서 본
SDGs와 ESG

2023년 5월 20일 초판 인쇄
2023년 5월 25일 초판 발행

지은이 | 시라이 준
옮긴이 | 고수경
교정교열 | 정난진
펴낸이 | 이찬규
펴낸곳 | 북코리아
등록번호 | 제03-01240호
전화 | 02-704-7840
팩스 | 02-704-7848
이메일 | ibookorea@naver.com
홈페이지 | www.북코리아.kr
주소 | 13209 경기도 성남시 중원구 사기막골로 45번길 14
　　　　우림2차 A동 1007호
ISBN | 978-89-6324-692-5 (03320)

값 17,000원

경영전략 관점에서 본

SDGs

Sustainable
Development Goals

와

ESG

Environment Social
Governance

시라이 준 지음
고수경 옮김

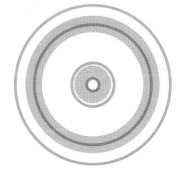

북코
리아

서문

"엄마네 회사도 *SDGs*를 도입했다니 정말 대단해~"

"할아버지께서 하시는 일이 *SDGs*와 관련이 있다고요? 자세히 설명해주세요."

"이번 상품기획은 *SDGs* 관점에서 볼 때 *A* 안이 좋다고 생각합니다."

"앞으로 *8*년 후인 *2030*년까지 내다보고 *SDGs*로 차세대 리더를 키우자."

이제부터 가정과 중소기업에서 이런 대화를 많이 나누게 될 것이다.

이 책을 읽는 분들은 아마도 다음과 같은 과제를 안고 있을 것으로 생각한다.

아래 제시한 내용은 필자가 4년 전(2018년 4월) SDGs에 대해 품고 있던 과제에 대한 생각이었다.

- SDGs에 관심은 있는데 자세한 것까지는 잘 모른다(불이해).
- 'SDGs는 단순한 붐이 아닐까?'라는 생각(불신감)을 갖고 있다.
- 'SDGs는 대기업이 관여할 일이지 중소기업에는 관계 없지 않을까?'라는 이른바 미스매치(불일치)를 일으키고 있다.
- 회사 업무에 SDGs를 도입하기 위해 수많은 책과 잡지를 읽고 다양한 세미나에도 참가했지만 구체적인 추진 방법을 잘 모르겠다(불명료).

지금까지 1천 개가 넘는 중소기업의 '인재육성'과 '조직개발'을 측면 지원하는 과정에서 직장의 기초대사와 여러 가지 과제를 해소할 매니지먼트 방법을 찾아냈는데, 그 덕분에 2018년 4월 필자의 첫 저서인 『생산성을 높이는 직장의 기초대사: 사원의 '불(不)'을 해소하고 능력을 창출하는 힌트』(합동포레스트)를 출판할 수 있었다. 그럼에도 필자 스스로 SDGs에 대한 과제를 방치한 채 해소하지 못하고 있었다.

그래서 2018년 10월 스스로 안고 있던 SDGs에 대한 과제를 해소해보기로 마음을 다잡았다. 지금까지 SDGs에 관한 책과 잡지를 100권 이상 읽고, 실시간과 온라인을 합쳐 50회 이상 세미나와 강좌를 수강했다. 그 내용을 중소기업에 적합하게 정리하여 연수하고, 수강을 받은 분들로부터 피드백을 받고 수정하기를 100회 이상 반복했다.

그리고 일본 전국 50개 사 이상의 중소기업 경영자와 관리직, 종업원(파트타임·아르바이트 포함) 여러분과 함께 만들어낸 것이 '미래 세대에게 사랑받는 회사: 지속가능한 조직 만들기와 SDGs·ESG 경영'이라는 방법이다.

많은 분의 다양한 의견을 받아들여 갈고 닦아온 덕분에 SDGs를 중소기업 경영에 도입하기 위한 실천적인 내용이 만들어졌다.

현재 일본 각지에서 고군분투하고 있는 대다수 중소기업은 대기업이나 글로벌 기업과 달리 'CSR추진실'이나 'SDGs프로젝트팀' 같은 전문부서나 전임을 둘 정도로 인적자원·물적자원·자본·정보에 여유가 있는 것은 아니다.

또 전 지구적이라든가 글로벌 등의 이야기를 하면 직원들이 확실히 이해하거나 체감하지 못하는(SDGs의 한계로 자주 거론되는 '자기화'하기 어렵다) 것도 현실이다.

이 책은 이러한 과제를 해결하기 위해 쓰였고, 다음과 같은 세 가지 특징을 갖고 있다.

① 지역 중소기업 경영자에게 적합한 내용이고, 사례도 중소기업이 중심이다. 또 사례는 어디까지나 참고용이며, 그 본질을 이해할 수 있도록 구성되어 있다.
② 지속가능한 직장 만들기(직장의 과제 해소)와 지속가능한 개발목표(사회의 과제 해소)를 동시에 하는 것을 목표로 하고 있다. 말하자면 '근로 방법 개혁 × SDGs 경영'이다.
③ 과거 · 현재의 역사(히스토리)와 미래에 대한 이야기(스토리)로 가시화[1] → 언어화[2] → 행동화[3]하여 미래 세대에게 사랑받는(=지속가능한) 조직 만들기를 지향한다.

덕분에 이런 일을 추진하는 '직장의 SDGs 추진 컨설턴트' 및 '직장의 기초대사 개선 퍼실리테이터'가 일본 전국에서 150명 이상 배출되었다. 앞으로 8년 후(2030년), 그리고 그 이후의 미래가 기대된다.

---

1 팀에서 다루는 업무를 전부 끄집어내는 현상. 즉, 개인으로서 현상을 파악하는 것

2 "이 부분은 불필요해", "이건 시간이 너무 많이 걸리지 않을까?" 하며 서로 지적할 수 있도록 하는 현상. 즉, 조직 내부에서 본질적인 대화를 하는 것

3 개인과 조직의 실천행동

차례

3장　지속가능한 조직 만들기×SDGs · ESG경영으로 '돈 버는 회사'로

4장　SDGs 시대의 비즈니스모델 만드는 방법

5장   SDGs의 핵심은 자율형 '조직 만들기'와 '인재육성'에 있다

6장   중소기업의 'SDGs · ESG경영' 성공 포인트

<table>
<tr><td>**7장**</td><td></td></tr>
</table>

미래 세대에게 사랑받는 회사가 되기 위해

1장

중소기업에
SDGs가 필요한
여덟 가지 이유

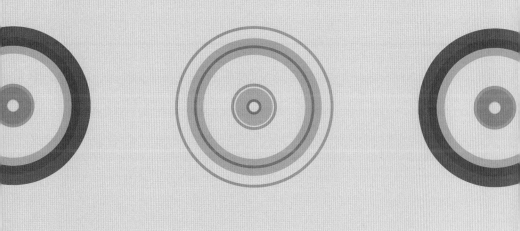

SDGs는 미래 경영에서의
'환경 · 약속 · 기능'이다

최근 TV · 라디오 · 신문 · 잡지 · 인터넷 · SNS · 간판 등 이른바 미디어에서 SDGs(Sustainable Development Goals: 지속가능개발목표)를 보고 들을 기회가 늘어나고 있다.

4차 「SDGs에 관한 일반인 조사」(덴츠,[1] 2021년 1월 1일, 10~70대 남녀 1,400명 대상)에 의하면, 일반인의 SDGs 인지도 비율은 54.2%이고 3차 조사(2020년 1월) 때보다 거의 2배가 늘어났으며 특히 10대의 SDGs 인지도 비율은 70%를 넘는다고 한다.

한편 일반인이 아니라 중소기업으로 시선을 돌리면 여러 경제 단체나 민간 기업이 주최하는 세미나에서는 유료 · 무료와 관계없이 SDGs에 관련된 내용이 늘어나고 있지만 아직도 본업에 적용하기에는 거리가 좀 멀다는 느낌이 든다.

그 이유로는 SDGs가 '사회공헌이나 자원봉사 활동', '대기업이나 글로벌 기업이 하는 것'이라는 오해나 선입관이 있다고 생각된다.

사실 「SDGs에 관한 기업의 의식조사」(데이코쿠데이터뱅크, 2020년 7월, 일본 전국 23,681개 사 중 11,275개 사의 회답)에 의하면, SDGs에 소극적인 기업의 다음과 같은 코멘트가 있다.

---

1   덴츠(電通, Dentsu Inc.): 일본 최대의 광고 대행사 그룹. 전 세계 6위에 랭크되어 있다.

- "SDGs가 매우 의미 있고 중요한 것이라고 이해하고는 있지만, 회사의 매출이나 이익에 어떻게 연결되는지 잘 모르겠다."(금속공작기계제조, 오카야마현)
- "환경을 지키기 위해서는 일반적인 설비보다 성능이 우수한 기계를 도입해야 하는데, 그렇게 되면 원재료값이 상승하여 비용부담이 커진다. 따라서 자금력이 있는 대기업과 동일하게는 할 수 없다."(부동산 대리 · 중개, 사이타마현)

많은 중소기업이 SDGs에 대해 이런 오해와 선입관을 갖게 되는 것은 다음과 같은 두 가지 이유를 들 수 있다.

🔲 이유 1: SDGs에 관한 정보가 단편적이고 표면적이어서 '기업경영에 직결되지 않는다'고 느낀다.

미디어에서는 시공간적인 제약으로 "SDGs란 전 세계의 빈곤문제를 없애고 지구온난화를 방지하기 위해 UN이 정한 17가지 목표"라는 설명이 많다. 그 결과 "개인 차원에서는 공헌하고 싶지만 기업에는 관계가 없다"든지 "UN이나 정부, 지자체나 대기업이 해야 할 일이 아닌가?" 하는 마음도 일견 수긍이 된다.

🔲 이유 2: SDGs의 사례는 대기업 · 글로벌 기업의 것이 많고 '어렵게' 느낀다.

수많은 SDGs 관련 세미나 · 연수 · 서적 등을 접해왔지만 구체적으로 거론되는 대부분의 사례는 대기업 · 글로벌 기업의 것이다. 그 내용을 보면 경영의 네 가지 자원인 인적자원 · 물적자원 · 자본 · 정보가 한정된 지역의 중소기업에는 멀고도 높은 벽과 같이 어렵게 느껴지는 일이 적지 않기 때문이다.

그래서 일본 전국 중소기업 사람들에게 SDGs에 대한 오해와 선입관을 해소하기 위해 좀 더 비근한 사례를 들어 설명하면서 다음과 같은 질문을 했다.

① SDGs가 경영에 연결되고 있는가?
② SDGs로 사업이 계속 발전하는가?
③ 직원들이 SDGs를 이해하고 있는가?

이는 중소기업이 SDGs를 추진하는 데 핵심이 되기도 한다. 게다가 'SDGs'라는 단어를 '인재육성'으로 바꾸어도 의미는 같다. 중소기업은 왜 인재육성에 힘을 쏟는 것일까?

답은 매우 단순한데, 경영에서 인재육성이 사업 발전에 기여하기 때문이다. 하지만 직원들이 제대로 이해하지 못하는 인재육성을 한다면 그 효과는 반감된다.

SDGs는 앞으로도 중소기업이 사업을 계속 발전시키기 위한 중요한 요소가 될 것이고, 그것을 본질적으로 이해하고 활용해가는 기업이 지속가능한 조직으로 성장해갈 것이다.

그래서 우리는 "SDGs는 미래 경영의 환경이자 약속이고 기능"이라고 주장한다.

MDGs에서 SDGs로
미래로 나아갈 '방향'을 찾다

우리가 SDGs를 미래 경영의 '환경'이자 '약속'이고 '기능'이라고 주장하는 데는 다음과 같은 두 가지 이유가 있다.

- SDGs(지속가능개발목표/2016~2030)의 전신인 MDGs(밀레니엄개발목표/2001~2015)의 내용과 성과 그리고 새롭게 생긴 세계적인 과제(경영환경의 변화)를 알 수(표 1.1) 있다.
- SDGs를 포함한 세계적인 경향과 현재까지의 프로세스를 이해함으로써 다가올 미래를 전망하기 쉽다.

표 1.1 MDGs와 SDGs 비교(경영환경의 변화)

MDGs(밀레니엄개발목표) 2001~2015년	SDGs(지속가능개발목표) 2016~2030년
• 개발도상국에 선진국이 지원하는 형태 • 빈곤과 기아 박멸 등 8개 항목 • UN과 각국 정부가 주체가 되어 추진 • 일본은 ODA(정부개발원조) 활용 • 일정한 성과 창출과 새로운 과제 발생	• 선진국이나 개발도상국뿐만 아니라 전 지구적으로 • 빈국, 고용, 경제, 기후 등 17개 항목 • 각자가 주체(기업에 대한 기대도)로 • 국가 표창 제도 '재팬 SDGs 어워드' • 경단련[2]의 '기업행동헌장'에 항목 추가

---

2   일본경제단체연합회의 줄임말

중소기업 경영자에게는 이런 것이 'VUCA 시대(예측 불가능 시대)'라 할 만큼 변화가 심한 경영환경에 놓여 매일 험난한 조타수 역할이 요구되는 가운데 미래로 나아갈 '방향'을 찾았다고 할 수 있다.

UN은 15년 단위로 목표를 결정한다. 그리고 21세기 첫해인 2001년 다가올 15년 동안 달성할 '밀레니엄개발목표(Millennium Development Goals: MDGs)'가 만들어졌다.

MDGs의 기본 틀(목표)은 빈곤과 기아 박멸, 초등교육의 완전한 보급 달성, 젠더 평등 추진과 여성의 지위 향상 등 8개 항목이었다.

그 활동 주체가 UN이나 각국 정부였던 적도 있으며, 또 민간 기업이나 일반시민에 대한 정보 전달이 적었고, 가끔 "일본 정부는 ODA(정부개발원조)를 활용하여 10억 달러를 추렴했다"는 뉴스를 접할 정도였던 것으로 생각한다.

MDGs를 실시한 결과 개발도상국의 극심한 빈곤율이 1990년의 47%에서 14%로 감소했고 초등교육 취학률도 2000년의 83%에서 91%로 개선되는 등 일정한 성과를 올렸지만 과제도 약간 남았다.

그 외 '지구온난화'와 '개발에 따른 전염병 발생' 같은 새로운 세계적인 과제가 등장했다. 이러한 과제는 '선진국이 개발도상국을 지원한다'는 과거의 방식으로는 해결할 수 없는 것이 많다는 우려도 있었다.

그래서 전 세계가 일치단결하여 2016년부터 15년간 이 과제들을 해결하려고 한 것이 '지속가능개발목표(SDGs)'다.

SDGs는 다음과 같은 이유로 미래 세계의 '운영체제' 또는 '큰 강의 물결' 등에 비유할 수 있다.

● 이유 1: 다양한 견해로 결정되었다

SDGs는 '지속가능개발목표에 관한 정부 간 오픈워킹그룹(OWG)' 등을 중심으로 약 3년에 걸쳐 각국 정부나 기업, 여러 업종·업계의 지식인과 시민 같은 다양한 사람의 견해를 반영해 결정되었다.

그 결과 전신인 MDGs에서는 '여덟 가지 목표와 21개의 세부목표'가 정해져 있었지만, SDGs에서는 '17가지 목표와 169개의 세부목표'로 그 범위가 크게 확대되고 더욱 구체적이고 보편적인 내용이 명시되어 있다(23p 표 1.2).

● 이유 2: UN 정상회의(주요국 정상회의)에서 만장일치로 결정되었다

앞서 언급한 SDGs의 결정을 거쳐 2015년 9월 25~27일에 개최된 UN 정상회의에서 193개 UN 가맹국(150개국 이상은 정상이 참가)의 만장일치로 "지속가능한 개발을 위한 2030어젠다"가 채택되었다.

SDGs에는 법적 구속력은 없으나 전 세계가 일치단결해 스스로 실행해가는 것, 그리고 '기업을 중심으로 민간의 힘을 활용해가는 것'이 중요하다고 생각되며, 중소기업 입장에서는 '미래 경영환경'의 예언이라고도 생각할 수 있다.

SDGs에서는
'와(과)'의 힘이 핵심 내용으로

중소기업에 근무하는 사람들이 SDGs를 제대로 이해할 수 있도록 상상의 회사인 '주식회사SDGs'를 예로 들어 다음과 같이 설명하겠다.

주식회사SDGs는 '그 누구도 소외되지 않게 하겠다'는 경영이념을 표방하고 있다. 그러한 경영이념을 달성하기 위해 '빈곤 종식' 사업부와 '양질의 일자리 창출(일하는 보람)과 경제성장' 사업부 등 모두 17개의 사업부가 있고, 이들은 **각각 독립적이고 유기적으로 기능한다.**

17개의 사업부에는 각각의 사업목표(정성·정량)와 사업부에 요구되는 바람직한 행동 지침(169개의 세부목표/244개의 지표)이 설정되어 있다.

이와 같이 SDGs에서는 '그 누구도 소외되지 않게 하겠다'는 경영이념하에 17가지 목표(Goals)가 있고 그 아래에 169개의 세부목표와 244개의 지표가 설정되어 있다.

특히 169개의 세부목표에는 평소 중소기업이 '현장에서 실천하고 있는' 것이 많이 들어가 있다. 이 부분을 읽어보면 SDGs와의 거리가 한층 가까워진다. 예를 들면 '목표 3: 모든 사람에게 건강과 복지를'이라는 목표 안에 '(3-6) 전 세계의 교통사고로 인한 사상자 수를 절반으로 줄인다'는 세부목표가 있다.

만약 여러분 회사가 자동차의 자동운전기술이나 충돌피해경감브레이크(AEBS), 블랙박스 등 교통사고를 줄이기 위한 개발에 기여하거나 혹은 앞으로 도전하려 한다면 여기에 해당한다고 할 수 있다.

SDGs 구성의 기본이 되는 17가지 목표에는 다양한 관점이 있다. 예를 들면 지속가능개발목표의 기본 요소인 People(인간: 1·2·3·4·5·6), Prosperity(번영: 7·8·9·10·11), Planet(지구: 12·13·14·15), Peace(평화: 16), Partnership(파트너십: 17)이라는 5P로 구성되는 '5P 모델'이다.

그 외에 요한 록스트룀(Johan Rockström) 박사가 제창한 목표 17가지를 케이크의 정점에 두고 그 아래 세 계층인 경제권(8·9·10·12), 사회권(1·2·3·4·5·7·16), 생물권(6·13·14·15)으로 구성되는 'SDGs 웨딩케이크 모델'이 있다.

이 책에서는 SDGs에서 그 밸런스가 중요시되는 '사회적 포섭', '경제발전', '환경보호'라는 세 가지 요소에 착안해 상단·중단·하단의 세 계층으로 구성요소를 파악하고 있다.

① 상단(목표 1~6)은 사회적 포섭('사회적 평등'으로 의역하면 이해하기 쉽다)

② 중단(목표 7~12)은 경제발전(중소기업의 지속가능성에서도 중요한 요소다)

③ 하단(목표 13~17)은 환경보호(16과 17은 환경보호와는 다르지만 하단에 포함한다)

표 1.2 SDGs의 17가지 목표

	목표 1	빈곤을 없애자
	목표 2	기아를 제로 상태로
사회적 포섭	목표 3	모든 사람에게 건강과 복지를
	목표 4	양질의 교육을 모두에게
	목표 5	젠더평등을 실현하자
	목표 6	안전한 물과 화장실을 전 세계로
	목표 7	에너지를 모두에게 그리고 깨끗하게
	목표 8	일하는 보람도 경제성장도
경제발전	목표 9	산업과 기술혁신의 기반을 만들자
	목표 10	사람과 국가의 불평등을 없애자
	목표 11	지속가능한 도시 만들기를
	목표 12	만드는 책임, 사용하는 책임
	목표 13	기후변동에 구체적인 대책을
	목표 14	풍부한 해양자원을 지키자
환경보호	목표 15	육상 생태계도 지키자
	목표 16	평화와 공정을 모든 사람에게
	목표 17	파트너십으로 목표를 달성하자

* UN 홍보센터자료를 참조하여 필자가 독자적으로 작성

일본에서는 예전의 고도경제성장기 시대에 미나마타병[3]·니가타[4] 미나마타병·이타이이타이병[5]·요카이치 천식[6]의 4대 질병과 광화학스모그 같은 '불[7](공해: 경제적 합리성 추구를 목적으로 한 사회·경제활동으로 환경이 파괴되어 생긴 사회적 재해/위키피디아)'이 발생했으며, 최근에는 'PM2.5'가 화제가 되었다.

이는 경제발전(중단)을 우선한 결과, 사회적 포섭(상단)과 환경보호(하단)가 위협을 받은 사태라고 할 수 있다. 한편, 이번 코로나19의 감염 확대는 상단에 있는 목표 3이 피해를 받고 경제발전(중단)에 영향을 미친 경우라고 할 수 있다.

2021년 12월 미 중남부 등에서 연이어 발생한 대규모 토네이도는 바이든 대통령이 사상 최대급의 토네이도가 발생했다고 할 정도로 광범위한 지역(아칸소, 일리노이 등 6개 주)에 걸쳐 심대한 피해를 초래했다.

CNN의 취재에 응한 미 예일대학 기후정보기관 기상학자 밥 핸슨은 "현 단계에서 기후변동과의 관련성은 간접적"이라고 전제한 후, "온난화에 의해 토네이도가 발생할 시기가 겨울로 넘어가고 있다. 이번과 같은 토네이도가 지금까지 생각지도 않았던 시기에 일어날 가능성이 높아질 것으로 본다"고 말했다.

---

3   수은에 의해 발생하는 만성 공해병

4   일본 43개 현 중의 하나

5   등뼈, 손발, 관절이 아프고 뼈가 약해져 잘 부러지는 공해병. 이 병에 걸리면 '아프다 아프다'의 일본어 표현인 '이타이 이타이'라고 말하며 고통을 호소하는 데서 병명이 유래되었다.

6   일본 미에현(三重県) 요카이치시(四日市市) 주변 지역에서 발생한 대기오염으로 인해 건강에 영향을 끼친 사건인데, 이 사건만 수질오염이 아니라 대기오염이 원인인 공해병

7   한자로 '不'로 표기

또 기후변동에는 '배경이 있다'고 말하고 나서 "우리는 온실효과 가스에 의해 매일 변화하는 대기 속에서 살고 있다. 그래서 대기가 어떻게 변하고 있으며 인간이 어떻게 변화시키고 있는지 모든 것이 서로 연결되어 있다"며 사람들에게 경종을 울리고 있다(TBS NEWS, 2021년 12월 15일 전송/왜 사상 최대급의 토네이도가 발생했는가? 기상학자의 "상상을 뛰어넘다"를 바탕으로 필자가 작성).

미국 사례에서는 하단에 있는 분야 13(지구온난화)이 적지 않게 영향을 끼쳐 발생한 대규모 토네이도로 인해 가족과 집, 직장을 잃어버린 수많은 사람, 환경보호(하단) 그리고 대형 인터넷통신판매기업인 아마존의 창고(일리노이주 에드워드 빌딩) 일부 파손 등을 비롯하여 경제발전(중단)에 크게 영향을 끼친 경우라고 할 수 있다.

앞에서 언급했듯이 현재의 지구환경이나 지역사회에서는 '사회적 포섭', '경제발전', '환경보호'가 서로 밀접하게 관련되어 있는 것은 의심할 여지가 없는 사실이라고 할 수 있다.

앞으로도 환경보호를 가볍게 생각하고 후순위로 돌리는 경제발전 우선주의 비즈니스모델을 그대로 추진한다면 그에 상응하는 피해를 입을 것은 자명하다. 또 시장원리주의, 주주중심주의, 대량생산·대량소비·대량폐기 등 풍요로움을 우선시하는 사회경제시스템의 이면에 '가질 수 있는 자와 가지지 못하는 자'나 '소비지역과 생산지역의 차이' 같은 '불(왜곡·격차)'이 생기고, '경제발전'인지 '사회적 포섭'인지를 알 수 없는 문제가 연이어 발생하고 있다. 지금까지 해온 'A 아니면 B 같은 양자택일(한쪽이 희생)'적인 사고가 아니라 'A와 B의 양립'을 목표로 한 새로운 사회경제시스템의 재구축이야말로 진정한 SDGs라고 할 수 있다.

이에 관해 '근대 일본경제의 아버지'로 불리고 '도덕경제 합일설'

로 주목받고 있는 시부사와 에이이치의 현손[8]인 시부사와 겐[코먼즈(commons)투자신탁이사회 회장 겸 ESG 최고책임자]은 "'와(과)'의 힘이 중요하다"고 주장한다.

8   증손자의 아들

우리 주변에서 시작되고 있는 SDGs와 그 효과

2016년 SDGs가 시작되기 전부터 '지구를 살리자', '생태학적(Ecological)', '윤리적(Ethical) 소비' 같은 다양한 키워드로 표현되고 자연스럽게 실행되어왔다.

그중에는 현재의 SDGs로 이어지는 것도 많다. 그렇게 생각하면 SDGs는 '오래되고 새로운 것' 혹은 '과거의 경험을 현재에 살리는 것'이라고도 할 수 있다.

예를 들면 리듀스(Reduce)·리유스(Reuse)·리사이클(Recycle)의 3R 운동이 이에 해당한다고 할 수 있다. '3R활동추진포럼' 홈페이지(이하 HP)의 정보를 바탕으로 비근한 사례를 소개한다. 최근에는 추가로 '리퓨즈(Refuse)'를 포함하는 4R 운동이 활발하게 추진되고 있다고 한다.

- Reduce(리듀스): 사용이 끝난 물건이 쓰레기로 폐기되는 일을 줄이기 위해 물건을 제조·가공·판매하는 것(예: 라벨 없는 녹차 페트병 등)
- Reuse(리유스): 사용이 끝난 물건 중에서 다시 사용할 수 있는 것은 쓰레기로 폐기하지 않고 재사용하는 것(예: 샴푸 등의 리필, 교복 물려 입기, 헌옷 재사용 등)
- Recycle(리사이클): 재사용할 수 없거나 혹은 재사용한 후에 폐기

된 것이라도 재생자원으로서 사용하는 것(예: 페트병이나 식품 용기 회수 등)

- Refuse(리퓨즈): 발생 초기부터 쓰레기가 될 것을 없애거나 들여놓지 않는 것(예: 개인 용기나 장바구니를 지참하고, 일회용 용기나 비닐봉지를 받지 않는 것 등)

이런 가운데 미국의 테라사이클(TerraCycle) 창업자인 톰 재키가 시작한 순환형 쇼핑서비스 '루프(Loop)'(2019년 5월 사업 개시)가 주목받고 있다.

일본에서 예전부터 하고 있었던 우유병, 맥주병 등의 배달이나 재사용하는 형태와 비슷한 방법으로 루프에서는 껌이나 조미료, 세제 등과 같은 일용품을 '재사용 가능하고 디자인성이 높은' 용기를 사용하여 다음과 같은 방법으로 인터넷이나 소매점에서 판매하고 있다.

소비자가 내용물을 전부 사용하면 루프 측에서 용기를 회수하여 세척한 후 각 제조회사에서 재충전하여 루프를 통해 재판매하는 일련의 흐름을 통해 쓰레기를 발생시키지 않는(애초에 쓰레기라는 개념이 없는) 구조로 되어 있다.

일본에서는 2021년 3월부터 어스(Earth)제약(몬다민[9]), 아지노모토 [혼다시[10] · 마루도리(丸鶏)가라수프[11] · 콩소메(consommé)[12]], 에스테(소취력[13]),

---

9   가글액 등 오럴 케어용 브랜드명

10   아지노모토주식회사가 제조 · 판매하는 조미료 이름

11   닭고기와 닭뼈를 고아서 만든 수프 이름

12   맑은 수프의 일종

13   주식회사에스테의 소취 · 방향제 브랜드명

P&G재팬(아리엘 · 조이[14] · 질레트[15]), 롯데(자일리톨 껌) 등 24개 사가 참가하여 서비스하고 있다.

또 '탈탄소사회'에 대해서는 예전부터 태양광발전이나 바이오매스발전 등의 재생가능에너지, 카본 오프셋 같은 '배출권 거래' 등이 있다. 그 외에 '공동배송에 의한 CO_2 감축' 등의 새로운 움직임도 있다.

최근에 특히 주목받고 있는 '탈플라스틱' 움직임으로는 2019년 11월부터 가루비(Calbee)[16]가 대표 스낵과자 '갓파 에비센'과 '포테이토 칩'에서 시작하여 순차적으로 환경을 배려한 '그래프트 포장재'를 사용한 새로운 포장으로 바꾸고 있다.

스타벅스는 2020년 1월부터 플라스틱 빨대를 'FSC 인증 종이 빨대'로 바꾸었고, 무인양품[17]은 2021년 4월부터 전 음료의 페트병을 폐지하고 재활용률이 높은 알루미늄 캔으로 교체했다.

일본 전체적인 움직임으로는 2020년 7월 1일부터 시행된 소매점의 '비닐봉지 유료화'를 들 수 있다. 대형편의점 각사의 정보에 의하면 비닐봉지를 거부하는 사람이 전체의 70%를 넘고 시행 후 1년이 지나서는 약 3배로 늘어났다고 한다.

일본의 플라스틱 쓰레기 전체에서 비닐봉지가 차지하는 비율은 2~4%여서 감축효과는 적지만, 소비자의 사고 · 행동 특성이 바뀌는 계기가 된 것은 틀림없다.

---

14   두 가지 상품 모두 P&G재팬의 세제명

15   남성용 면도기 브랜드명

16   일본의 스낵과자 제조회사. 시리얼식품 등도 제조 · 판매하고 있다.

17   주식회사양품계획(良品計画)은 무인양품(無印良品)과 MUJI 브랜드의 소매점포 · 상
     품개발과 제조 · 판매를 전문적으로 하는 소기업이다.

또 최근의 "크리스마스 케이크나 에호마키(惠方巻)[18] 시도는 중소기업이 SDGs의 본질을 이해하는 데 참고가 되고 있다. 예전에는 대량생산·대량폐기가 일상이었지만, 수년 전부터 예약 접수된 분량만 제조·판매하는 흐름으로 바뀌고 있다.

여기서 주목해야 할 점은 '식품 로스'[19](사회 과제)와 '폐기비용'(기업 과제)이 동시에 해결되고 있다는 것이다.

SDGs는 사회적 과제를 해결하면서 기업의 경비가 절약되기(≒이윤을 창출하기) 때문에 '지속가능성이 높아지는(≒계속되는)'는 모델이라고 할 수 있다.

---

18   일본에서 입춘 전날 그해의 길한 방향을 향해 먹으면 운세가 좋다는 두껍게 만 초밥

19   먹고 남은 것, 팔고 남은 것이나 기한이 다 되었다는 이유로 먹을 수 있는데 폐기되는
      식품

ESG와 기업의 경쟁력
경영환경과 돈의 흐름(1)

"변화는 컨트롤할 수 없다. 할 수 있는 것은 변화의 선두에 서는 것뿐"이라고 한 것은 경영자들 사이에서도 많은 팬을 가진 경영학자 피터 드러커가 남긴 말이다.

드러커의 말처럼 '세상의 변화를 먼저 파악하고 선두그룹에 들어갈' 수 있으면 경영하기 쉬워진다는 것은 잘 이해할 수 있지만 간단한 것은 아니다. 나도 기업을 경영하는 입장에서 항상 그렇게 느끼고 있다.

그것을 실천하고 있는 대표적인 경영자가 소프트뱅크의 창업자 손정의다. 그는 해외에서 성공한 비즈니스모델과 Web 서비스를 일본에 발 빠르게 도입해 선행자 이익을 얻는 경영기법을 스스로 '타임머신 매니지먼트'라 부르고 있다.

필자를 포함한 세상의 모든 경영자가 그의 흉내를 내는 것은 어려워도 경영환경에서의 큰 흐름을 파악해 조금이라도 빨리 미래를 '예측'해서 선두그룹에 들어갈 '예상'을 하는 것은 가능하다고 생각한다.

그 하나가 바로 SDGs이고, 그것과 관련된 '돈의 흐름'으로 주목받는 것이 'ESG투자'다. 일본 경제산업성 HP에는 다음과 같은 내용이 있는데, ESG와 SDGs의 관련성을 알 수 있을 것이다.

ESG투자는 과거의 재무정보뿐만 아니라 환경(Environment)·사회(Social)·거버넌스(Governance) 요소도 고려한 투자를 말한다. 특히 연·기금 등 큰 자산을 초장기로 운용하는 기관투자가를 중심으로 기업경영의 지속가능성(Sustainability)을 평가한다는 개념이 보급되고, 기후변동 등을 염두에 둔 장기적인 리스크매니지먼트나 기업의 새로운 수익창출기회(Opportunity)를 평가하는 지표로서 UN의 지속가능개발목표(SDGs)와 더불어 주목되고 있다.

세계지속적투자연합(GSIA)이 발표한 보고서(2021년 7월 19일)에 의하면, 2020년 전 세계 ESG투자액은 35조 3천억 달러(약 3,900조 엔)다. 2018년에 비해 15%나 증가했고 전체 운용자산에서 차지하는 비율은 35.9%로 매년 늘어나고 있다.

일본에서는 니혼생명이 2021년 4월부터 국채를 포함한 전 자산 운용에 관하여 '투자처의 ESG평가를 고려해 실시'하고 있다. 니혼생명의 운용자산 총액은 약 70조 엔에 달하여 민간 기관투자가로서 일본 최대기업의 하나다.

실제로 니혼생명의 그룹회사인 Nissay Asset Management사는 「스튜워드십 리포트(Stewardship Report) 2020」의 'ESG평가와 퍼포먼스'에서 다음과 같이 언급함으로써 ESG평가와 기업의 경쟁력에 높은 상관

Nissay Asset에서는 2008년부터 ESG평가를 시작했으며, 그 후 ESG평가가 높은 유가증권군이 낮은 유가증권군을 아웃퍼폼(outperform)하고 있다 (*기준치보다 지표가 상회하는 것). 특히 S평가, G평가에서 우수한 퍼포먼스로 간주되고 있고, E평가도 기업공개(TCFD 등)가 진행됨으로써 퍼포먼스가 개선될 것으로 생각한다.

관계가 있음을 시사하고 있다.

또 E(환경)·S(사회)·G(거버넌스)를 기업경영 관점에서 보면 다음과 같이 표현할 수 있다[*ESG Times(https://esg-times.com/)를 바탕으로 필자가 일부 수정].

⬛ E(환경)를 의식한 경영이란?

사업에 의해 환경에 가해지는 부담을 줄이는 수고를 포함한 경영을 말한다. 이익추구가 목표였던 지금까지의 경영과 달리 기업에 사업성장과 환경보호의 공존이 요구되고 있다. 구체적인 시행 사례는 다음과 같다.

- 사용전력을 줄임으로써 CO_2 배출량 감축
- 재생가능에너지비율 향상에 의한 CO_2 배출량 감축
- 봉투 등과 같은 종이제품에서 FSC인증지(환경을 배려한 종이제품)로 이행
- 분리배출·리사이클을 철저히 실행함으로써 폐기물 감축
- 자연에서 분해되지 않는 플라스틱 쓰레기 배출량 감축
- 과잉포장지의 절감에 따른 자원 절약

⬛ S(사회)를 의식한 경영이란?

근로자의 근로조건 개선이나 남녀차별 철폐 같은 사업활동을 통해 인권을 침해하지 않는 경영을 말한다. 기업이 국내에서 직고용하는 사원이나 아르바이트 직원뿐만 아니라 원료조달처나 해외공장에서

고용하는 현지사원 등 사업과 제품의 서플라이체인에 관련되는 모든 사람의 인권 준수가 중요해졌다. 구체적인 시행 사례는 다음과 같다.

- 여성고용과 여성 활약의 촉진('일하기 편함×일하는 보람'의 양립 등)
- 장애인고용과 외국인고용 촉진(누구나 활약할 수 있는 직장 만들기 등)
- 사원의 건강관리체제 구축 · 강화(헬스케어나 웰빙 등)
- 해외 현지공장의 고용환경에 대한 정기적인 체크와 개선
- 레인포레스트 얼라이언스(Rainforest Alliance) 인증을 취득한 농장에서 구입
- 국제공정무역(Fair trade) 인증 라벨이 붙은 상품을 사무용품과 소모품으로 구입

■ G(거버넌스)를 의식한 경영이란?

불상사나 내부부정이 일어나지 않는 투명한 경영을 말한다. 거버넌스가 제대로 기능하게 되면 자연히 그 기업은 컴플라이언스(법령준수) 위반을 하지 않게 되고, 그것이 바로 기업의 기반이 된다고도 할 수 있다. 구체적인 시행 사례는 다음과 같다.

- 정보공개를 위한 투자가 · 이해관계자와 대화 기회 제공
- 비전북(경영이념)과 사내 행동규범 등을 작성하여 내용 공유
- 중장기계획을 기술한 경영계획서, 사업발전계획서를 작성하여 사원과 공유
- 법령위반이나 부정행위 등에 대한 내부통보제도 정비
- 임원 보수 공개와 그 외 인사정보나 각종 정보 공개

- 사외이사 도입, 이사의 사외 비율 확보

또 중소기업에서는 기업 소유자인 주주와 경영자가 같은 경우가 많다. 그래서 기업의 경영체제, 예를 들면 외부 이해관계자로부터의 억제효과, 이사회 같은 경영상의 의사결정을 객관적으로 할 수 있는 시스템이 아직 정비되지 않은 경우가 많은 것이 현실이다.

기계 · 설비나 연구개발, 인재육성 등의 각종 투자행동, DX(디지털 트랜스포메이션)에 의한 업무효율의 추진행동을 포함하여 앞으로 경영자 스스로 더욱 자신을 성찰하는 자세가 요구되고 있다.

SDGs와 기업의 자금조달
경영환경과 돈의 흐름(2)

SDGs에 관한 자금조달방법으로 'SDGs채'와 'SDGs사모채'가 주목을 받고 있는데, 이것도 ESG투자의 하나다.

SDGs채란 "SDGs에 공헌하는 것을 목적으로 한 사업자금을 조달하기 위한 채권"의 총칭인데, 일본증권업협회에 의하면 일본 국내에서 공모된 SDGs채의 발행액·발행 건수는 2016년의 450억 엔(3건)에서 2020년에는 2조 1,339억 엔(146건)으로 크게 증가했다고 한다(2021년 2월 발표).

SDGs채는 크게 '그린본드(환경 분야)', '소셜본드(사회 과제 분야)', '서스테이너빌리티본드(환경 분야×사회 과제 분야)'의 3개로 분류된다.

- 그린본드(Green bond): 기업이나 지자체 등이 그린프로젝트 자금으로 쓰는 것을 목적으로 발행하는 채권을 말한다. 그린프로젝트란 환경보호를 목적으로 하는 사업(구체적으로는 지구온난화대책이나 태양광발전, 바이오매스발전 같은 재생가능에너지 등)을 의미한다.

- 소셜본드(Social bond): 기업이나 지자체 등이 소셜프로젝트 자금으로 쓰는 것을 목적으로 발행하는 채권을 말한다. 소셜프로젝트란 사회 과제 해결을 목적으로 하는 사업(구체적으로는 교육 및 직업훈련,

헬스 케어, 기본적인 인프라와 주택 관련 등)을 의미한다.

● 서스테이너빌리티본드(Sustainability bond): 기업이나 지자체 등이 환경보호와 사회 과제 해결을 위한 사업자금으로 쓰는 것을 목적으로 발행하는 채권을 말한다. 말하자면 '그린본드×소셜본드=서스테이너빌리티본드'라고 할 수 있다.

이와 관련하여 도쿄도는 일본 국내 지자체로는 처음으로 '소셜본드'를 2021년 6월 조건부로 결정했는데, **최대발행액 300억 엔에 대해 최종수요는 약 3,420억 엔이 되어 높은 주목도를 뒷받침하고 있다.**

SDGs채가 광범위하게 투자가를 모으는 공모채(불특정다수의 투자가 대상)인 데 반해 소수의 투자가가 직접 인수하는 (회)사채가 'SDGs 사모채'인데, 다음과 같은 두 종류가 있다.

● 내용형: 조달자금의 사용처가 'SDGs 달성에 공헌하는 사업자금', '에코인증 등을 취득한 기업의 설비투자' 등으로 한정되어 있으며 그 메커니즘이 SDGs채에 가까운 것이다. 구체적으로는 채권기준을 충족한 후 'ISO14001', '에코액션21', '그린경영' 등과 같은 환경매니지먼트시스템을 취득한 기업에 미즈호은행이나 후쿠이은행, 난토은행 등 복수의 은행들이 에코사모채와 그린사모채를 발행하고 있다.

● 기부형: 채권을 발행하는 기업에서 은행이 받는 수수료 일부를 SDGs 달성에 공헌하는 단체에 기부나 기증하는 방법으로, 일본에서는 기부형이 일반적이다. 2021년 12월 현재, 표 1.3처럼 많은

지방은행이 취급하고 있다.

앞으로는 일본에서도 기부형에서 내용형으로 전환되어 환경보호와
사회 과제 해결에 직접적으로 공헌하기를 기대한다.

표 1.3 지방은행을 중심으로 확산되는 'SDGs사모채'

01: 리소나은행(전국)	19: 야마나시주오은행(야마나시현)
02: 게이요은행(지바현)	20: 미쓰이스미토모은행(전국)
03: 요코하마은행(가나가와현)	21: 교토은행(교토부)
04: 군마은행(군마현)	22: 히고은행(구마모토현)
05: 기타닛폰은행(이와테현)	23: 이요은행(에히메현)
06: 주로쿠은행(기후현)	24: 미야자키은행(미야자키현)
07: 호쿠리쿠은행(도야마현)	25: 히로시마은행(히로시마현)
08: 시가은행(시가현)	26: 쓰쿠바은행(이바라키현)
09: 하치주니은행(나가노현)	27: 난토은행(나라현)
10: 가가와은행(가가와현)	28: 야마가타은행(야마가타현)
11: 주고쿠은행(오카야마현)	29: 아오모리은행(아오모리현)
12: 후쿠오카은행(후쿠오카현)	30: 고치은행(고치현)
13: 구마모토은행(구마모토현)	31: 햐쿠고은행(미에현)
14: 주하치신와은행(나가사키현)	32: 이와테은행(이와테현)
15: 도와은행(군마현)	33: 돗토리은행(돗토리현)
16: 간사이미라이은행(오사카부)	34: 주쿄은행(아이치현)
17: 아시카가은행(도치기현)	35: 홋카이도은행(홋카이도현)
18: 기라보시은행(도쿄도)	36: 니시닛폰시티은행(후쿠오카현)

* 2021년 12월 현재 구글 검색 'SDGs사모채'의 상위 36개 은행 게재

ESD와 SDGs 네이티브 세대
경영환경과 인재의 흐름(1)

커리어교육이나 인재육성에 힘쓰는 사람이라면 "교육은 국가의 백년대계"라는 말을 자주 듣게 된다. 이는 중국 춘추시대 제나라 재상 관중이 군주 환공에게 한 말로 "국가가 1년을 번창하기 위해서는 곡물을 키우고, 10년을 번창하기 위해서는 수목을 키우고, 영원히 번창하기 위해서는 사람을 키우는 것이 중요하다"는 데서 나왔다.

이 말에는 '국가 발전에는 교육이 중요하다'는 의미와 '교육에는 국가의 미래전략이 반영되어 있다'는 의미가 포함되어 있다고 생각한다.

즉, 현재의 교육 '상황'을 이해함으로써 일본이 앞으로 그리려는 미래의 청사진을 조망할 수 있게 되었다.

그래서 2002년 8월 요하네스버그정상회의(지속가능한 개발에 관한 세계정상회의)에서 일본 정부와 NGO가 제창한 후 전 세계로 확산된 '지속가능한 개발을 위한 교육(Education for Sustainable Development: ESD)'이 주목받고 있다.

ESD는 제57회 UN총회본회의(2002년 12월)에서 2005년부터 10년간을 '지속가능한 개발을 위한 교육의 10년(UNDESD)'으로 하는 결의안이 채택되었고, 유네스코를 ESD의 주도기관으로 지명하여 본격적인 ESD 추진이 시작되었다.

일본에서는 2014년 11월 오카야마현 오카야마시에서 '지속가능한 개발을 위한 교육(ESD)에 관한 유네스코회의'가 열리는 가운데 이해관계자(stakeholder) 간의 중요한 회의가 개최되었고, 2015~2019년에는 '지속가능한 개발을 위한 교육(ESD)에 관한 글로벌 액션 프로그램'(문부과학성 · 환경성)이 시행되었다.

2020년부터 본격적으로 시행된 '신 학습지도요령'에서는 역사상 처음으로 '전문(前文)'이 만들어지고, 그 안에 '지속가능한 사회의 창조자가 되는 것'이 명기되어 있다.

또 문부과학성 HP에는 ESD에 관하여 아래와 같이 기술하고 있다.

> 지금 세계에는 환경, 빈곤, 인권, 평화, 개발 같은 다양한 문제들이 있다. ESD는 이러한 현대사회의 과제를 자신의 문제로 인식하고 가까이에 있는 것부터 실행함(think globally, act locally)으로써 그런 과제해결로 이어지는 새로운 가치관이나 행동을 만들어내고, 또 그것으로 지속가능한 사회를 만들어가는 것을 목적으로 하는 학습이나 활동이다. 즉, ESD는 지속가능한 사회 만들기의 담당자를 양성하는 교육이다.

'think globally, act locally'는 중국 전국시대의 사상가 · 유학자였던 순자가 남긴 '착안대국, 착수소국'과 같은 의미라고 할 수 있다. 즉 "넓은 시야로 사물을 전체적으로 크게 보고 본질을 꿰뚫을 것. 실제로 일을 착수할 때는 세세한 부분에도 신경 쓰고, 작고 구체적으로 행동하는 것이 중요하다"는 것으로 경영 그 자체다.

그런데 교육이 변하면 무엇이 달라지는가? 다름 아닌 '사고 · 행동특성[사고방식의 특징과 행동패턴/역량(competency)]'이나 '특기 · 강점'이 달라진다.

필자(1973년생, 49세)의 입장에서 보면 지금의 20대 이하 젊은 세대는 특히 '춤과 노래를 중심으로 한 자기표현이 뛰어나다'는 느낌을 받는다. 2012년부터 중학교 체육에서 춤이 필수가 되고 초등학교 학습지도요령에서도 '표현운동'으로서 춤이 받아들여진 것과 관련이 있는 게 아닐까?

초 · 중 9년간 학교에서 춤을 배우고 SNS 등에서도 "춤을 쳐봤다", "노래를 불러봤다"고 스스럼 없이 자기표현을 할 수 있는 세대에서는 당연한 일이라고 할 수 있다.

ESD가 본격적으로 도입된 2005년 초등학교에 입학한 학생(1998년 4월 2일~1999년 4월 1일생)은 2022년 현재 22~23세가 되어 있다.

당연한 일이지만 2005년 당시 중학생이나 고등학생이었던 세대도 ESD교육을 받았다고 하면, 1980~1995년생인 밀레니엄세대는 1996~2015년생인 Z세대도 포함해 'SDGs 네이티브 세대'라 해도 과언이 아니다.

미쓰비시종합연구소의 『먼스리 리뷰(Monthly Review)』 2021년 1월호에는 "2025년에는 새로운 근로의식을 가진 '밀레니얼세대'가 근로인구 전체의 절반으로"라는 주제로 미래의 기업이 가져야 할 '모습'에 관하여 언급하면서 경영환경의 변화에 대응하는 중요성을 시사하고 있다.

STEAM교육과 사회 과제 해결
경영환경과 인재의 흐름(2)

교육 분야에서는 'ESD(지속가능한 개발을 위한 교육)' 외에 또 하나의 흐름으로 'STEAM교육'이 있다. STEAM교육이란 Science(과학), Technology(기술), Engineering(공학), Mathematics(수학)의 4개 분야에 걸친 이과교육에 Art(창조성·예술성, 교양은 리버럴 아트의 의미)를 추가한 것으로 '이과교육×창조성교육'에 의해 학제적인 학문을 촉진하여 알고(탐구) 만드는(창조) 사이클을 새롭게 만들려 하고 있다.

STEAM교육의 전신인 'STEM교육'은 특히 미국에서 2006년 부시 대통령이 가이드라인을 제시하고 2013년 오바마 대통령이 중요한 국가전략으로서 'STEM교육 5개년 계획'을 발표했다.

구체적인 내용으로는 2020년까지 초·중등교육의 우수한 STEM 분야 교사 10만 명을 양성하고, 10년간 STEM 분야 대학의 졸업생을 100만 명으로 늘린다는 목표를 세우고, 연간 30억 달러의 예산을 책정했다. STEM교육이 국가전략상 얼마나 중요한가를 알 수 있다.

그 배경에는 글로벌화하는 초고속 AI와 로봇을 중심으로 한 새로운 기술혁신에 의한 사회의 커다란 변혁이 있다.

현재와 같은 '정답이 있는 사회에서 살아가는 힘'이 아니라 이제부터는 '정답이 없는 다양한 사회 과제에 대해 타인과 협동하면서 새로운 가치를 만들어내고 해결해가기 위한 힘'이 요구되고, 그것이 바로 국가에는

'국제경쟁력의 원천'으로 되었기 때문이다.

일본에서는 문부과학성이 제시한 'Society5.0에 적합한 인재육성: 사회가 변한다, 학문이 바뀐다'(2018년 6월 5일) 중에서 요구되는 인재상과 공부하는 모습으로 '공통적으로 요구되는 힘의 육성'과 '새로운 사회를 견인할 인재육성'을 내걸고 있다.

현재로서는 '기초적인 학력을 확실하게 다지면서 타인과 협동하며 스스로 깊이 사고하는 독립된 학문이 불충분하다'고 전제한 후, 더욱 추진해야 할 정책 방향으로 다음의 세 가지가 제시되어 있다.

● 공정하게 개별적으로 최적화된 학문 실현

모든 아이들이 모든 학교 단계에서 기초적인 학력의 확실한 정착과 타인과 협동해가면서 스스로 깊이 사고하는 독립된 학문을 실현할 수 있도록 '공정하게 개별적으로 최적화된 학문'을 실현할 다양한 학습 기회와 학습의 장을 제공해야 한다.

● 기초적인 학력과 정보 활용 능력 습득

학교나 교사뿐만 아니라 모든 교육자원과 ICT 환경을 구사해 기초적인 독해력, 수학적 사고력 같은 기초적인 학력과 정보 활용 능력을 모든 어린 학생이 확실하게 습득할 수 있도록 해야 한다.

● 대학 등에서의 문리 구분 탈피

고등학교와 대학에서 문과 · 이과로 나누고 특정 교과나 분야는 제대로 학습하지 않는 경향이 있는 현실을 바로잡고, 문리 양쪽을 배우는 인재를 육성하도록 고등학교 개혁과 대학 개혁, 고등학교와 대학을 잇는 고교 · 대학 연계개혁을 추진할 필요가 있다.

고등학교에서는 문리 양쪽을 배워 저마다의 자질 · 능력을 키움과 동시에 지역의 장점을 배워 커뮤니티를 유지하는 인재육성을 추진해가야 한다.

대학에서는 고등학교에서 시행하고 있는 문리 구분의 개선, 사회적 니즈 등을 계기로 문리 양쪽을 배울 충실한 교육프로그램을 만들어야 한다. 또 AI · 데이터과학 분야 같은 고도의 전문 인재육성을 위한 시책을 가속화해야 한다.

이는 '반드시 정답이 있다'는 전제하에 '교사가 학생에게 정답을 가르쳐준다'는 '천편일률형'이나 '일방통행형'으로 치우친 교육에서 '다양성×쌍방향×탐구심형' 학습으로 이행하는 것을 의미한다.

이것은 사회 과제에 대해 '정답은 꼭 하나가 아니다', '정답이 있다고는 단정할 수 없다'는 전제하에 학생이 주체가 되어 각자 자기 생각을 전하고 그것을 모두가 서로 인정하여 '논리에 맞는 답'이나 '이해되는 답'을 이끌어낸다는 의미다.

이에 대해 도쿄도 최초의 중학교 민간인 교장으로서 와다중학교 교장을 역임한 후지와라 가즈히로(교육개혁실천가)는 "'정보 처리력'에서 '정보 편집력' 육성으로의 변혁"이라고 했다.

여기서 ESD와 STEM교육의 모델이 되는 연구인 「모기가 왜 사람의 피를 빨고 싶어 하는가를 각다귀[20] 암컷의 교미 수로 검증한다」를 소개한다.

---

20 몸길이 약 4.5~5mm, 몸은 검은색이고 가슴 중앙에 흰색 줄이 한 줄 들어가 있으며, 다리는 검은색 바탕에 흰색 띠가 줄무늬 형태로 붙어 있는 흡혈성 모기의 일종

쓰쿠바대학이 주재하는 '과학의 눈' 상(제11회, 2016)을 수상한 논문인데, 지금은 모기연구자로 유명해진 다카미 다이키(당시 교토교육대학부속고등학교 2학년)의 연구다.

연구 동기는 "내 여동생은 모기에 물리면 빨갛게 부풀어 오르고 물집이 생긴다. 그래서 물린 후에는 늘 아이스 팩으로 물린 곳을 차게 했다. 어떻게든 여동생을 지키기 위해 모기를 제어할 방법은 없을까 생각하면서 실험을 시작했다"고 논문에 기술되어 있다.

이것이야말로 눈앞에 놓인 과제를 자신의 신념을 바탕으로 타인과 협동하면서 해결한 사례의 하나라고 할 수 있겠다.

또 NHK 프로그램 「갓텐(GATTEN)!」[21]에서는 2016년 8월 31일 방송된 '인류 최고의 적! 모기퇴치대작전'에서 중학교 2학년 때부터 시작한 다카미 씨의 연구를 거론하며 프로그램 스태프도 협력해서 새로운 실험을 했다.

그리고 프로그램에서는 전 세계에서 가장 위험한 생물 순위 1위가 '모기'(연간 피해자 수 · 사망자 수 100만 명)라는 것을 발표하고, 모기를 매개로 한 지카바이러스감염증, 말라리아, 뎅기열, 황열병, 일본뇌염 등의 예방(사회 과제 해결)에 다카미 씨의 연구 결과가 크게 도움이 되고 있다는 사실을 전하고 있다.

연구 성과에 대한 자세한 내용은 논문을 참고하면 되고, 모기에 잘 물려 고민하는 분들을 위해 논문 정리 부분에 약간의 보충설명을 곁들인다.

---

21 NHK TV에서 2016년 4월 13일부터 2022년 2월 2일까지 방송된 생활정보 · 과학프로그램

논문 정리

① 모기에 쉽게 물리는 것은 발에 있는 균과 관계가 있다.

② 모기에 대한 반응은 연령, 혈액형, 성별, 음주 유무와는 관계가 없었다.

③ 모기는 모든 사람의 발 냄새에 반응하는 것이 아니라 발에 있는 균의 종류가 많은 사람에게 민감하게 반응한다. (보충: 여동생은 합계 1,289종으로, 다카미 씨의 483종에 비해 3배의 차이가 있었다.)

④ 설령 모기가 좋아하는 발 냄새를 가졌다고 해도 발을 비누로 씻거나 양말 등 천으로 덮으면 모기가 흡혈하기 어렵게 된다. (보충: 발을 씻으면 흡혈이 3분의 1로 감소)

⑤ 모기가 좋아하지 않는 발에는 공통의 균이 존재한다.

이상에서 "모기는 발에 있는 균의 종류가 많은 사람의 발 냄새를 맡으면 흡혈을 잘하게 된다"고 할 수 있다.

'대두미트' 햄버거 빅히트

'A&W오키나와' 사례

    '앤다'라는 애칭으로 친숙하고 오키나와현민의 '소울푸드(향토요리)'라고도 할 수 있는 미국의 햄버거 체인이 A&W오키나와주식회사(본사: 오키나와현 우라소에시, 대표이사: 다이라 겐이치)다. 본점인 미국에서는 2019년 100주년을 맞이했으며, 아시아에서 가장 오래된 오키나와점은 2023년 60주년을 맞이한다.

    한편 오키나와현 이외의 사람에게는 파스 맛이 나는 음료, 맥주인데 알코올 성분이 없는 맥주로 소문이 나 있는 루트비어를 마시고 싶어서 찾아오는 일종의 '관광지' 같은 존재이기도 하다.

    그런 오랜 역사를 가진 A&W오키나와의 '첫' 시도로 2020년 10월 판매를 시작한 것이 대두가 원료인 식물성 고기를 사용한 햄버거 'The ZEN BURGER'다. 판매를 시작한 지 2개월 만에 2만 개를 달성했고, 오키나와현 안팎의 반응뿐만 아니라 프랜차이즈가 있는 인도네시아 등에서도 문의가 오고 있다.

    다이라 사장이 2020년 새해 인사에서 'SDGs로의 도전'을 언급한 후 마케팅부와 젊은 사원 주도의 프로젝트를 추진했고, 많은 시행착오 끝에 마침내 DAIZ사의 '기적의 고기'로 일컬어졌으며 소고기 패티에도 뒤떨어지지 않는 맛을 실현했다.

    이 회사 HP에는 "지금까지 사용해온 소고기는 소를 살찌게 함으로써 온실효과가 높은 메탄가스를 배출했지만 '식물성 고기'에는 그것이 없다. 그런 관점에서 A&W에서는 UN에서 채택된 SDGs(지속가능개발목표)가 지향하는 기후변동 대책으로 연결되는 시도로서 앞으로도 식물성 고기를 사용한 메뉴 개발을 늘려가겠다"고 기술되어 있다.

POINT ··· 저자의 생각

A&W오키나와는 2014년 '오키나와현 인재육성인증기업'(제3장 3절 참조)을 취득하고, 현재에 이르기까지 '일하기 편함×일하는 보람'을 양립하는 기업갱신을 계속하고 있다.

부모와 자식이 함께 일하는 가족이, 자신의 꿈을 선물하는 대회(오키나와 드림플랜 프레젠테이션)에 5년 연속 출전하는 등 사원들이 '안정감' 있는 직장에서 자기다움을 발휘하고 있다.

또 지구환경을 배려한 바이오매스 소재 25% 이상을 배합한 비닐봉지, 채소는 가능한 한 오키나와 현산 사용, 점포 유니폼은 성별 관계없이 예전부터 바지로 통일하는 등 다방면에서 SDGs 달성에 공헌하고 있다. 앞으로는 식품 로스 감축을 위한 과제 해결에 기대가 모아지고 있다.

근로방법 개혁에서
'여성 활약' 그리고 SDGs로
'SUNSHOW공업' 사례

"근로방법 개혁 그리고 여성 활약에 열심히 노력하고 있는데, SDGs가 추월해 전력을 다해 붙잡으러 갔다"고 말한 사람은 '제2회 재팬 SDGs 어워드'(2018년 개최)에서 건설업 최초로 특별상을 수상한 SUNSHOW그룹/SUNSHOW공업주식회사(본사: 기후현 기후시) 대표이사 니시오카 데쓰히토다.

지금이야 '여성 활약'과 'SDGs 추진'으로 주목받는 회사이지만, 1999년(니시오카 사장, 20세) 나가라가와 하천변 잡초제거공사의 하청업체인 니시오카흥업으로 독립해서 2012년(동, 34세) '조직풍토개혁'에 착수하기까지 SUNSHOW공업은 '남성 중심의 체육회계 기업', '장시간 근로하는 초블랙기업', '인격침해의 종합상사'였다고 니시오카 사장은 말한다.

그 후, "개혁 따위는 그만두라"는 직원들의 불평불만과 반발, 거부반응에 따른 퇴직 등 수많은 어려움을 조금씩 극복하면서 조직풍토개혁(2012), 여성 활약(2015), 근로방법 개혁(2016)으로 세상의 흐름에 발맞추어가며 2018년부터 본업인 SUNSHOW공업에서 사회 과제를 해결하는 'SDGs'에 노력하면서 현재에 이르고 있다.

여기서 주목해야 할 점은 경영상의 효과다. SUNSHOW그룹의 매출은 2012년 6억 5천만 엔에서 2021년에는 15억 엔으로 2.3배가 늘었고, 이직률은 2012년의 53%에서 2021년에는 1.6%로 크게 개선되었다.

직원 중 여성이 차지하는 비율은 56%로 건설업계로서는 경이적인 숫자다(2021년 12월 현재).

POINT ··· 저자의 생각

SUNSHOW공업의 SDGs는 '여성·외국 국적×자기긍정감'에 있다고 생각한다. 저가격·고품질의 주문주택 'SUNSHOW Dream House'는 고액의 주택 융자로 생활비를 압박하지 않고, 마이홈 취득을 가능하게 했다. 게다가 생활 수준 향상과 여유가 생긴 자금을 교육에 투자함으로써 빈곤에서 탈출할 수 있게 되었다. 그 외에 외국인 전용 창구를 설치하는 등 지금은 고객의 약 30%가 외국인이다.

또 '아이를 동반한 출근', '여성만의 공무점(Credo home)'[22] 같은 다양한 시책을 추진하여 2021년 6월에는 기후현 내 건설업계 최초로 '엘보시 인증'[23] 3단계를 취득했다.

---

22   일본 기후현 기후시에 있는 주문주택·리노베이션 회사

23   '엘보시'란 「여성의 직장생활에서의 활약 추진에 관한 법률(여성활약추진법)」에 근거를 둔 인정제도로서 일정한 기준을 충족하고 여성의 활약 추진 상황 등이 우수한 기업에 발행되는 인증마크를 말한다. '엘보시'의 '엘'은 영문 대문자 L로 여성(Lady), 노동(Labour), 모범(Lead) 등 다양한 의미가 포함되어 있다.

1장 칼럼
'두부참프루'[24]와 '수영학교'에서 느끼는 SDGs의 물결

2019년 12월 28일 A&W오키나와의 다이라 사장으로부터 "1월 10일 새해 인사에서 SDGs 실행 개시에 관한 발표를 하고 싶다"는 전화가 왔다. 내용인즉슨 "설 연휴로 귀성 중인 조카의 자녀가 SDGs에 관한 책을 읽고 있는 모습을 보고 사회의 변화를 느껴 SDGs경영에 착수하기로 마음먹었다"고 했다.

이와 같이 초등학생·중학생 손자 혹은 채용 부스에서 고등학생이나 대학생으로부터 'SDGs 물결'의 영향을 받고 있는 경영자나 채용담당자, 관리직 종사자가 많아지고 있다.

여기서는 생활에 뿌리를 둔 'SDGs의 물결'에 관한 에피소드 두 가지를 소개한다.

■ 오키나와현에서 건설업을 하는 오시로 사장(40대)의 경우

가장 잘 만드는 요리인 두부참프루(고야참프루의 재료가 두부인 버전)를 만들려고 초등학교 4학년 딸과 슈퍼에 갔을 때, 평소와 마찬가지로 아무렇지도 않게 선반에서 두부를 집으려고 하자 딸이 이렇게 말했다.

---

24 참프루는 오키나와 말로 '혼합하다'라는 의미로, 채소나 두부 등의 식재료를 섞어 볶은 오키나와 요리

"아빠! 오늘 저녁에 두부참프루 만들 거죠? 근데 왜 오늘이 유통기한 인 두부를 사지 않아요? 식품 로스라는 거 알고 있어요?"

● 고치현[25]의 사회보험노무사 니시무라 시즈요(40대)의 경우

초등학교 3학년 아들은 집에서 자동차로 15분 정도 걸리는 수영학교에 다니고 있다. 니시무라 씨는 보통 수영학교가 끝날 때까지 책을 읽으면서 아들을 기다리는데, 그날은 문득 할 일이 생각나서 일단 집으로 돌아가 볼일을 끝내고 서둘러 수영학교로 되돌아왔다. 그러자 아들이 이렇게 말했다.

"엄마! 어디 갔다 왔어? 그 볼일 수영 끝나고 나서 해도 괜찮았을 텐데…. 왕복 분량의 가솔린을 사용했으니 CO_2가 필요 이상으로 더 많이 배출되었겠네."

이것이 바로 SDGs 네이티브 세대의 '사고·행동 특성'의 표출이라고 할 수 있을 것이다. 실제로 필자의 조카(미야코지마[26]의 중학교 1학년)도 여름방학 숙제로 SDGs에 관한 과제가 나와 있고, 평소 학교생활에서도 SDGs를 접할 기회가 늘어나고 있는 것이 현실이다.

여러분의 자녀나 손자, 친척이나 지인의 초등학생~대학생에게 SDGs에 관한 질문을 해보시라. 틀림없이 'SDGs 물결'을 실감할 것이다.

---

25 일본 시코쿠지방(四国地方)에 있는 현. 현청소재지는 고치시(高知市)

26 오키나와현 미야코지마시(宮古島市)에 속하는 미야코열도(宮古列島)의 섬

2장

SDGs를 기준으로
회사와 상품이
선택되는 시대로

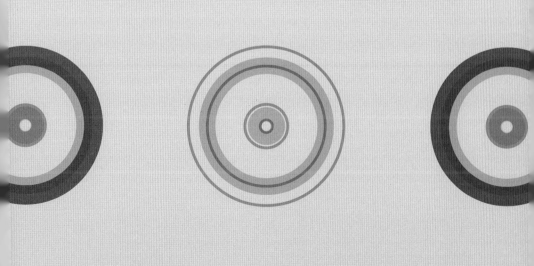

시대에 따른
선택기준(what → where → whom)의 변화

1장에서는 교육 등에 의한 'SDGs 네이티브 세대'의 사고·행동 특성의 변화에 대해 알아보았다. 그러나 사실은 세대를 불문하고 '상품과 서비스', '직업과 회사' 등을 선택할 때 다음과 같이 그 기준이 바뀌고 있다고 생각한다.

● 'what(무엇이)'으로 선택

일반적으로 물건이 부족하거나 직업 선택이 자유롭지 못했던 시대의 경향이다. 1950년대의 '3종의 신기[1](냉장고·세탁기·흑백TV)', 1960년대의 '신 3종의 신기(3C: 컬러TV, 에어컨, 자동차)'는 모든 사람이 동경하는 물건이었다. 또 "신문기자라는 직업은 멋지지!", "동경의 대상인 스튜어디스를 목표로 하자"와 같이 what으로 선택했다.

● 'where(어디에서)'로 선택

대체로 물건이 충족되어 '장소'나 '회사'가 중요하게 여겨지던 시

---

[1]   갖추고 있으면 이상적이라고 여겨지는 신기한 세 가지 물건

대다. 1970~1990년대의 '고도경제성장기-안정성장기-하이테크 경기-버블경기' 등 한때 'Japan as Number One'으로 불리던 무렵이다. '동경하던 도시 다마 뉴타운[2]!', 'MADE IN JAPAN은 안심이다', '해외에서 활약하고 싶다', '이토추상사[3]에서 일하고 싶다', '올해의 인기기업 랭킹'과 같이 대부분 'where'로 선택했다.

■ 'whom(누구와)'으로 선택

대체로 물건이 넘쳐나는 시대로 '자기 의지'나 '생각' 등 '본연의 자세'가 중시되는 시대에 나타나는 경향이다. 2000년대부터 PC와 인터넷 보급, 스마트폰으로 SNS를 통해 '언제 · 어디서 · 누구나' 발신이 가능하게 되었다. '와타나베 나오미[4]의 개성적인 패션과 라이프스타일에 공감이 집중되고, 인스타그램의 팔로우 수는 940만 명', '나가사키현의 오치미즈 타다시 상점(落水正商店),[5] '자연환경에서 키운 닭이 낳은 달걀이 큰 인기', '자기답게 일할 수 있는 회사 선택' 등 whom으로 선택하게 되었다.

실제로 필자도 마트에 갔을 때 생산자의 얼굴 사진이 들어가 있는 상품 포장에 안심하고 제조법에 공감하여 가격이 약간 비싸도 구입하는 일이 많다. 여러분은 어떤가?

---

2   다마 뉴타운은 도쿄도 이나기시(稲城市) · 다마시(多摩市) · 하치오지시(八王子市) · 마치다시(町田市)에 걸친 다마 구릉지에 개발된 일본 최대 규모의 신도시

3   섬유, 기계, 금속, 에너지, 화학 물품, 식료, 주거생활, 정보, 금융 등의 분야에서 폭넓은 비즈니스를 글로벌하게 전개한 대형 종합상사

4   일본의 희극탤런트, 사회자, 여배우, 성우, 가수. 요시모토흥업 소속

5   나가사키에 있는 노포 양계회사

시대의 키워드는
'공·조·자·지·건·심'에 있다

『닛케이MJ』[6] 2021년 4월 30일자에서는 창간 50주년 "소비의 미래가 향하는 곳은 어디?"라는 제목을 붙이고 패션업계의 대표로 구리노 히로후미(유나이티드애로즈 공동창업자 · 상급고문), 음식업계의 대표로 시바타 요코(브랜드 프로듀서), Z세대의 대표로 1996년생인 류자키 쇼코(호텔경영자)의 인터뷰기사가 실려 있었는데, 그중에서 필자가 공감했던 내용을 소개한다(필자 발췌, 요약).

● 구리노 히로후미(유나이티드애로즈 공동창업자 · 상급고문)

- 트렌드를 좇는 것 자체가 트렌드가 아니게 된 지금. 패션에서 'Sustainabilty(지속가능성)와 Diversity(다양성)가 키워드로'
- 자신이 필요로 하는 것은 '자신'이 고른다. 유행이라는 게임은 더 이상 필요하지 않다.
- '개성'의 시대다. 100명이 있으면 100가지 취향이 있다.

6　『日経MJ(Nikkei Marketing Journal)』는 니혼게이자이신문사가 발행하는 소비와 유통, 마케팅 정보에 특화된 전문지

◾ 시바타 요코(브랜드 프로듀서)

- 지금은 디자인보다 '소재'에 관심 있는 사람이 늘어나 셰프와 접시 위로 주역이 옮겨가고 있다. 20년 전에는 인기가 많았던 가게가 지금은 인기가 될 만한 요소가 없다는 경우도….
- 맛있는 음식을 포장해 가서 집에서 와인 안주로 먹는 일도 있다. '자택'에 셰프가 식기류와 식재료를 함께 갖고 가서 마음이 맞는 사람끼리 즐기는 출장 요리도 늘어났다.

◾ 류자키 쇼코(호텔경영자)

- '건강하게 살고 싶다'는 것은 자연스럽게 나온 말이지만 심신의 건강이라는 의미와는 다르다. 뭔가 이익이나 쾌락을 누리고자 할 때 다른 '누군가가 희생'되기를 바라지 않는다. 라인스톤으로 휴대폰을 예쁘게 꾸미는 것은 즐겁지만, 그 라인스톤을 외국 아이들이 고생하면서 만들고 있다는 것을 생각하면 그 또한 달갑지 않다. 바라는 것은 정신적이고 사회적인 '건강'이다.
- 호텔이라 하면 주로 관광객이 이용하는 장소라고 생각하기 쉬운데, 나는 호텔을 '그 지역' 주민이 편하게 쉴 수 있는 장소로 만들고 싶다. 또한 놀이방도 만들어 부모님들이 라운지에서 편안하게 지내게 하고 싶다.

위에 소개한 "연대도 업계도 3인 3색"의 인터뷰기사 중에서 특히 기억에 남는 '단어'와 '문장'에 공통으로 들어가 있는 한자는 '공 · 조 · 자 · 지 · 건 · 심'이고, 이것을 시대의 키워드로 하여 다음과 같이 생각해본다.

● 시대의 키워드 '공·조·자·지·건·심'

- 공(共): 사고방식에 '공감'해서 크라우드 펀딩(대중투자)으로 지원
  했다. 다양한 부류의 사람들과 대화를 반복하면서 새로운 가치를
  '공창[7]해가려 한다.
- 조(調): 조직 전체의 '조화'가 유지되면 사원 개개인의 개성이 발
  휘된다. 일대일에서는 상대와 '보조'를 맞추는 것[페이싱(pacing)]을
  의식하자.
- 자(自): 유기농산물(Organic)로 '자연'과의 공생을 의식한 생활을 한
  다. 자기다움의 발휘에는 '부자연(무리·헛됨·일정하지 않은 것이 많
  다)'스러운 상태를 개선하는 것도 중요하다.
- 지(地): 앞으로의 상품·서비스에는 '지구'환경에 대한 배려가 전
  제가 될 것이다. 코로나를 계기로 '지역'과 '그 지방'의 가능성이
  재발견되고 있다.
- 건(健): 노동 시간과 멘탈 부분 등 종업원의 '건강'을 의식한 경영
  이 중요해진다. 생산자나 거래처를 착취하는 '불건전'한 대응은
  문제가 된다.
- 심(心): 직장의 '심리적 안정성'과 종업원의 생산성은 높은 상관관
  계가 있다. '있기'에 편한 공간이나 '사이 좋은' 동료와 함께하는
  시간에는 특별한 '안심감'이 있다.

---

7   다양한 입장의 사람들과 대화하면서 새로운 가치를 '공(共)'히 '창조(創造)'해간다는
의미. 영어 Co-Creation의 번역어

여기에 든 사례 외에도 시대의 키워드 '공 · 조 · 자 · 지 · 건 · 심'은 기업의 창업정신, 경영이념, 사훈 · 사시(社是), 행동지침 등에도 많이 포함되어 있는데 '공존공영'은 그 전형적인 예라고 할 수 있다.

중소기업이 예전부터 중시해온 '존재가치'와 갈고 닦아온 '강점'에 관해 '본질'은 그대로 두고 SDGs를 활용하여 '다시 만드는' 것이 요구되고 있다.

가까이 다가와 있는 B to B 기업에 대한 'SDGs 물결'과 대응

여기까지는 '소비에 관한 트렌드'를 중심으로 설명했기 때문에 B to C(소비자용)를 주로 하는 대기업의 SDGs 대응을 눈여겨보는 분도 많을 수 있다.

그러나 B to B(기업 간 거래)를 주로 하는 중소기업에도 '탈탄소', '탈플라스틱' 같은 환경문제, '여성 활약'과 '장시간 노동 개선' 등의 사회 과제를 포함하는 'SDGs 물결'이 눈앞에까지 다가와 있고 다음과 같은 사례가 앞으로 더욱 늘어날 것으로 예상된다.

● 애플사(미국)

2020년 7월 "전 사업, 제조 서플라이체인, 제품 라이프스타일의 모든 분야에서 2030년까지 탄소중립 달성을 목표로 한다는 계획(애플사의 HP에서 일부 발췌)"을 분명히 하고 있다. 그래서 애플사의 생산을 담당하고 있는 협력사(supplier)는 부품 제조과정에서 '재생가능에너지 100% 이행'을 강하게 요구받게 되었다.

● 도요타자동차

2015년 10월 '도요타환경챌린지2050'을 공표하고, 2050년을 향해 'CO$_2$ 제로'와 '플러스사회'를 목표로 한 사업을 추진해왔다.

그러나 2021년 6월 전 세계의 '탈탄소화' 흐름에 부응하기 위해 과거 목표를 15년이나 앞당겨 "2035년까지 전 세계에 흩어져 있는 자사 공장의 CO$_2$ 배출을 실질적으로 제로로 하겠다"고 발표했다. 그 외에도 주요 1차 거래처에 2021년의 CO$_2$ 배출량 감축목표를 전년보다 1% 더 높여 전년 대비 3% 감축을 요청했다.

또 도요타자동차그룹의 서플라이체인(계열) 기업 수는 일본 전국에 41,427개 사가 있고, 업종은 '소프트웨어 수탁개발'이나 '자동차부품제조' 등 다방면에 걸쳐 있다(2021년 6월, 데이코쿠데이터뱅크).

앞으로 서플라이체인(계열)에 포함되는 중소기업에 대해서도 'CO$_2$ 제로'를 중심으로 SDGs(ESG 포함)에 대한 실행 강화가 더욱 요구되고 그 흐름은 일거에 속도가 붙을 것임에 틀림없다.

● 미쓰비시상사

강제노동과 아동의 노동 금지, 안전하고 위생적이며 건강한 노동환경 제공 등을 중심으로 한 '지속가능한 서플라이체인 행동 가이드북'을 정하고, 협력사의 준수상황을 파악하기 위해 앙케트 조사나 필요에 따라 납품업자를 직접 방문하는 등 활동상황을 확인하고 있다.

또 『닛칸공업신문』(2021년 6월 24일자)에서는 "SDGs, 대형주택회사가 움직이다. 거래처에 대응요청"이라는 제목으로 세키스이하우스, 다이와하우스, 미사와홈의 대형 3사와 각 협력사의 움직임(요청 등)을 거론하고 있다.

● 세키스이하우스(SEKISUI HOUSE)[8]

2021년 종합보고서에 '협력사 SBT 목표 설정률'을 처음으로 명기하고, 2050년의 탈탄소화를 위해 자사만의 실행으로는 한계가 있다고 보고 거래처도 끌어들인 CO_2 감축으로 방향을 틀었다.

● 다이와하우스(DAIWA HOUSE)[9]

창업 100주년인 2055년까지 '환경부하 제로'의 하나로 약 300개 합판 제조회사와 상사 등의 협력사에 2030년까지 목재 조달과정에서 '삼림파괴 제로'라는 방침 결정을 요구했다.

● 미사와홈(MISAWA HOMES)[10]

약 20개 협력사와 연대를 강화한 결과, 2020년 목표인 삼림인증을 받은 목재 조달비율 85%를 달성했다.

여기에 소개한 것은 대기업의 서플라이체인에 포함된 지역 중소기업이 'SDGs 대응을 요구받은' 사례다.

---

8   오사카시 북구에 본사를 둔 주택회사
9   오사카시 북구 우메다3가에 본사가 있는 주택종합제조회사
10   주택설계·제조·판매·시공을 주로 하는 하우스제조회사·부동산회사

한편, 중소기업이 대기업보다 먼저 'SDGs 대응을 전향적으로 추진한' 사례의 하나로 그린필드사가 있다(상세한 내용은 80p 참조). 편의점·슈퍼용 채소의 가공·판매를 하는 그린필드의 오시로 사장은 "SDGs에 대응하는 대형 거래처의 실행이 빠르다"는 것을 느꼈다고 한다.

또한 수동적·소극적 자세로 대응하는 것이 아니라 '차세대 리더의 발굴과 육성에 절호의 기회'로 생각하고, 스스로 적극적으로 SDGs·ESG경영을 도입했다. 그 결과 지금은 '지속가능한 조직 만들기'의 좋은 모델이 되고 있다.

학생의 '기업선택'과 기업의 '형식적인 SDGs'와의 갭

앞에서 소개한 B to C, B to B 시장보다 'SDGs 물결'이 '커다란 너울'로 되어 나타난 것이 취업활동(학생의 기업선택)과 기업의 신규졸업생 채용시장의 움직임이다.

필자는 매년 '오키나와현 인재육성 인증기업 [한정] 기업연구 행사'(오키나와현 고용정책과 위탁 '현내 기업 고용환경개선 지원사업')의 사무국장을 맡고 있고, 2021년 2월 개최한 행사에 참가한 학생들을 대상으로 앙케트 조사를 한 결과, 부스를 방문하는 이유에 뚜렷한 변화가 있었는데 SDGs 관련, 사회 과제 해결, 사회공헌 같은 어구가 증가한 것을 알 수 있었다.

- A&W오키나와를 방문한 이유: '대두미트를 사용한 더 젠 버거(The ZEN BURGER)' 개발 등 'SDGs에 적극적으로 임하는 자세'에 흥미를 가졌다.
- KPG HOTEL & RESORT를 방문한 이유: 수업에서 다양한 국적과 LGBTQ[11]가 일하고 있다는 얘기를 듣고 '다양성과 젠더평등'이 실행되고 있는 기업이라고 느꼈다.

---

11 LGBTQ의 L은 여성 동성애자 레즈비언(lesbian), G는 남성 동성애자 게이(gay), B는 양성애자 바이섹슈얼(bisexual), T는 성전환자 트랜스젠더(transgender), Q는 queer 또는 questioning의 머리글자로 성적 정체성을 명확히 할 수 없는 사람을 말한다.

- 기무다카세무사법인을 방문한 이유: 고문회사의 흑자 달성률이 전국 평균의 2배여서 오키나와현의 '저임금 개선'과 '소득의 세대 간 격차 해소'로 이어질 것으로 생각했다.
- 그린필드를 방문한 이유: 식품공장에서의 푸드 로스 대책과 순환형 농업으로의 도전 등 '식량산업화'를 향한 새로운 시도에 많은 관심을 가졌다.

합동기업설명회 '캬리타스' 등을 운영하는 디스코(DISCO)는 「취업준비생의 기업선택과 SDGs에 관한 조사」 보고서(2020년 8월 발표)에서 다음과 같이 언급하고 있다.

> SDGs를 '자세히 알고 있는' 학생은 19.3%, '어느 정도 알고 있는' 학생은 57.1%로 합치면 70%를 넘는다. 2019년 같은 시기의 조사(합계 52.9%)와 비교하면 20포인트 이상 높아 최근 1년 새 SDGs의 인지도가 크게 상승했다.

취업정보 사이트 '아사가쿠내비'와 합동기업설명회 '슈쇼크하쿠(就職博)'를 운영하는 가쿠죠(学情)[12]는 2023년 3월 졸업(수료) 예정인 대학생·대학원생을 대상으로 취업활동에 관한 인터넷 앙케트 조사를 실시하여 다음과 같은 결과를 얻었다(2021년 8월 발표).

여기서 주목할 점은 현재 학생들이 말하는 '사회공헌'이란 '본업에서 사회 과제를 해결하는 것', 즉 사회성(=사회 과제 해결)과 경제성(=이익확보)의 양립을 의미하고 확실하게 안정감이 드는 '본질적인 것'이라는 의미다.

---

12 도쿄에 본사를 둔 취직업정보서비스회사. 그해 졸업생을 위한 취업정보 사이트 '아사가쿠내비', 20대의 취직·전직활동응원사이트 'Re취활(就活)', 합동기업설명회 '슈쇼크하쿠' 등을 제공한다.

2023년 졸업 예정자의 SDGs 인지율은 95.9%로, 20대 사회인보다 20.4포인트 높은 결과로 나타났다. 또 70% 이상의 학생이 SDGs에 노력하는 기업은 지원율이 올라간다고 답했다. "사회공헌도가 높은 일을 하고 싶다", "사회공헌과 이익추구를 함께하는 기업은 직장으로서 매력을 느낀다"고 하여 관심이 높은 것을 엿볼 수 있다.

실제로 어떤 합동기업설명회에서 지역에서는 대기업으로 평가받는 기업의 채용담당자가 'SDGs에 대한 노력'에 관해 설명하고 있었는데, 학생들로부터 다음과 같은 질문을 받았다.

귀사의 SDGs에 대한 노력은 '학교 식당에 대한 기부'나 '지역의 청소활동' 같은 봉사적인 것이 많다는 느낌이 듭니다. SDGs란 '본업에서 사회 과제를 해결하는 것'으로 이해하고 있는데, 앞서 말씀드린 활동은 본업의 어느 부분으로 이어지나요?

기업담당자의 SDGs에 대한 본질적인 이해가 부족했는지 그 질문에 대해 애매모호한 대답을 하자 부스에 동석해 있던 학생을 중심으로 그 내용이 SNS에서 공유되어 해당 기업에 대한 평가가 떨어졌다고 한다.

기업 측은 많은 학생들이 '형식적인 SDGs'를 알아차릴 눈을 이미 갖고 있다는 사실을 분명히 인식해야 할 때가 왔다는 것을 알아야 한다.

기업이 '형식적인 SDGs'에 빠지는 이유의 하나로 SDGs를 '단편적인 CSR(기업의 사회적 책임)'의 연장선상에서 이해하고 있는 것을 들수 있다.

SDGs(본업에서 사회 과제 해결)와
CSR(기업의 사회적 책임)

원래 CSR(Corporate Social Responsibility)에는 '기업이 존속해나가기 위해서는 사회 전체의 지속적인 발전이 빠질 수 없다'는 사고방식이 밑바닥에 깔려 있다. 기업은 종업원이나 고객, 주주나 지역 · 지구 등을 포함하는 사회 전체에 대한 공헌의 책임을 지고 늘 적절한 경영상의 판단(의사결정)을 해간다는 의미가 포함되어 있다.

그러나 일본에서는 버블기에 유행했던 메세나(Mécénat) 활동(기업에 의한 문화 · 예술 활동 지원) 등의 영향도 있어서 CSR이 단순히 기업의 이미지 향상을 꾀하기 위한 자선활동이나 사회공헌활동으로 오해받는 일도 많고 '본업과는 별로 관계없는 것', '돈 벌었을 때 기부하는 것' 등의 형태로 정착되어버린 느낌이 든다.

필자는 기업이 여유 있을 때(이익이 났을 때) 여력이 있는 범위(본업 이외)에서 사회적 책임을 하는 것을 '단편적인 CSR(형식적인 SDGs)'이라고 표현한다.

표 2.1에서도 볼 수 있듯이 현재 일본의 SDGs는 '단편적인 CSR(형식적인 SDGs)' 혹은 그 연장선상에 있는 경우가 많아 한마디로 말하면 '종업원 부재'가 두드러진다.

구체적으로 말하면 회사 HP에는 경영자 · 인사 · 홍보 등의 주도로 만들어진 'SDGs 선언'이 게재되어 있고, 가슴에는 총무부에서 지급된 'SDGs 배지'가 달려 있다.

그러나 대부분 종업원이 "자사의 SDGs 목적과 구체적인 사례가 무엇인지 확실하게 모르겠다(본질적인 이해나 행동으로 연결되어 있지 않다)"고 말한다.

표 2.1 본질적인 SDGs와 단편적인 CSR(형식적인 SDGs) 비교

	본질적인 SDGs	단편적인 CSR (형식적인 SDGs)
우리말 번역	지속가능개발목표	기업의 사회적 책임
의미	본업에서 사회 과제 해결	사회공헌활동
회사의 체제	9~17시/월~금의 통상업무(이동 시간 내에서)	잔업이나 휴일 등의 통상업무 이외
업무와 상품	통상의 업무 흐름이나 상품·서비스로	업무 이외에 봉사활동으로
직원의 마음가짐	자신들이 실천하는 것	회사나 사장이 하는 것
포인트	돈이 되는 비즈니스모델 구축	여유가 있을 때 대응·실천

SDGs로 전략의
'가시화 → 언어화 → 양성화' 실현

SDGs에는 '그 누구도 소외되지 않게 하겠다(No one will be left behind)'는 경영이념이 있는데도 일본 중소기업에서 추진되고 있는 SDGs에서는 앞서 말한 것처럼 '종업원이 홀로 방치되어 있는' 경우가 많았다. 이렇게 해서는 본말이 전도되는 셈이다.

이런 바람직하지 않은 경향이 앞으로 더욱 급격히 진행되는 게 아닌지 염려되는 것은 일본 전국의 현과 시가 주최하는 '○○현 SDGs 기업등록제도'와 거기서 파생된 '3시간 내에 만들 수 있는 SDGs 선언서 작성 세미나' 같은 움직임이다.

물론 오카야마현의 '오카야마 SDGs 어워드'나 요코하마시의 'SDGs 인증제도 Y-SDGs'를 비롯하여 전국의 현과 시 단위에서 추진하려는 훌륭한 시도는 많이 있다.

필자도 2012년부터 10년간 '오키나와현 인재육성기업인증제도(오키나와현 고용정책과 위탁)'의 사무국장을 맡은 경력과 경험에서 보면, 관공서 주도하에 'SDGs의 보급·계몽을 촉진해나가는 제도'는 중소기업이 SDGs에 임하는 '동기'를 만드는 데 매우 유효한 수단이라고 생각한다.

하지만 '○○현 SDGs기업등록제도'로는 관공서의 단년도(1년) 사업에서의 예산과 기한 같은 제도적인 한계도 있고, SDGs의 목표(정량·

정성), 체크시트에 의한 자가진단 등을 기입한 신청서만으로 심사·등록이 이루어지는 경우가 많다.

실제로 시간과 수고를 들여 SDGs의 사내 침투도를 측정하는 '종업원 앙케트'나 실행 내용을 파악하는 '종업원 청취'가 실시되고 있지 않은 경우가 대부분이다.

이것은 제도 자체의 문제가 아니라 '경영자·인사·홍보 등 일부 멤버만(≒많은 종업원은 제외하고)으로 중점적으로 시행할 SDGs 목표를 결정하거나 신청·심사에 임하고 있지 않은가?'라는 제도를 활용하는 기업 측의 '방식'이 문제가 되고 있다.

많은 사람이 SDGs에 관한 정보를 접하고 이해를 넓혀가는 오늘날에는 파트타임·아르바이트·젊은 직원 등 현장(최전선)에서 일하는 종업원일수록 고객이나 거래처, 취업준비생으로부터 SDGs에 관한 질문을 받는 경우(SDGs에 관심이 높은 사람이 질문한다)가 많아지고, 그 대답 여하에 따라 매출과 채용에도 영향을 미치는 상황이 되었다.

이미 미래의 기업경영에서는 SDGs를 중심으로 '본업에서 사회 과제를 해결하는 것'과 '그것이 제대로 직원에게 이해되고 일상 업무와 제공하는 상품·서비스에 반영되어 최종적으로 기업이익과 실적으로 연결되는 것'은 경영전략·사업전략·인사전략의 어떤 영역에서도 매우 중요한 과제가 될 것임에 틀림없다.

앞으로는 실질적인 내용이 들어가 있지 않으면서(직원이 이해하지도 못하고 행동도 제대로 못하는데) 외견만 잘 갖추어져 있다고 해서(SDGs 선언을 게재해도) 그 효과가 단순히 반감되기보다 오히려 'SDGs워시(껍데기뿐인 SDGs)'(205p 참조) 같은 경영상의 큰 리스크로 이어질 수 있다.

일전에 어떤 기업의 사장실에 안내되었을 때의 일이다. 벽에 'SDGs 선언서'가 붙어있어서 경영자에게 SDGs에 대한 구체적인 방안을 물어보았더니 다음과 같은 대답이 돌아왔다.

"경리부장이 금융기관과 거래도 있어서 SDGs 평가 서비스를 잘해달라
고 부탁했다는 거야! 나도 잘 모르는데 지금 SDGs가 유행하고 있다지?
아마 조사 비용을 포함해 15만 엔 정도로 싸게 평가받았지!"

예전부터 거래하던 경영자여서 '더 큰일이 벌어지기 전에 도와주
어야겠다'고 생각하며 노파심에 다음과 같은 내용을 전했다.

- SDGs는 미래 경영에서 '환경·약속·기능'이며 필수조건이 될 것이다.
- SDGs는 빠르게(변화 대응형 조직), 깊게(전원 참가형 조직), 멀리(미래 지향형 조직)의 3요소를 겸비한 '지속가능한 조직' 만들기에 활용한다(210p 참조).
- SDGs를 통해 경영자의 생각을 '가시화'하며, 앞으로의 사업전개를 '언어화'하고, 기대하는 인재상을 '양성화'함으로써 '사업발전형 조직'을 지향한다.

그 후 그 경영자는 젊은 직원 중심의 프로젝트팀을 발족(우리 회사
도 의뢰를 받고 측면에서 지원)하여 반년 후 경영방침발표회에서 '경영이념
→ 경영전략·사업전략·인사전략' 안에 SDGs를 반영하여 일상 업무
부터 전원 참가형으로 '미래 세대에게 사랑받는 회사: 지속가능한 조
직 만들기와 SDGs·ESG경영'을 실천했다.

'우리 지역 규슈'에 대한
자부심이 고객을 불러들이다
'잇페이홀딩스' 사례

"도쿄는 분명히 큰 시장이지만 로컬브랜드로는 치열하게 경쟁하는 시장이기도 하다. 한정된 상품시장을 서로 뺏고 빼앗기는 산지 간의 경쟁이 아니라 지역에서 사업하는 사업자가 손을 서로 맞잡고 규슈를 '하나의 섬'으로 브랜드화하고 새로운 가치를 함께 만들어가는 마케팅이 중요하다"고 한 사람은 '원조 레터스초밥[13]'의 산증인 주식회사 잇페이홀딩스(본사: 미야자키현 미야자키시) 대표이사 무라오카 고지다.

무라오카 씨가 직접 만든 '규슈 빵케이크 믹스'는 규슈산 밀가루·잡곡을 사용하고 베이킹파우더는 알루미늄 프리,[14] 유화제·향료·가공전분은 사용하지 않는 제조법을 갖고 있어서 이미 전국적으로 많은 고객이 있다. 이런 '지산지소(地産地消)[15] × 안심안전'의 표본 같은 상품은 대량생산·대량소비에 대한 반대 논리로 태어났다고 할 수 있다.

---

13   주재료가 양상추인 초밥

14   식품첨가물 알루미늄 및 그 화합물을 포함하는 원재료를 사용하지 않는 식품

15   지역생산·지역소비의 약자로, 지역에서 생산된 다양한 생산물이나 자원을 그 지역에서 소비하는 것

이는 일본인이 옛날부터 갖고 있는 지역을 소중히 여기고 상부상조하며 그 지역의 것을 애용한다는 매우 일본적이며 '지역을 사랑하는 모습'을 스스로 보인 것이라 할 수 있다. 그런 모습 때문에 타이완이나 싱가포르에서도 사랑받고 해외 여러 나라에서도 소비가 확산되고 있다.

'규슈 빵케이크 믹스'의 원료는 오이타현의 밀가루, 미야자키현의 현미, 가고시마현의 멥쌀, 구마모토현의 흑미, 나가사키현의 찰수수, 사가현의 납작보리, 후쿠오카현의 적미가 사용되고 있고 각각의 생산자(농가) 사업도 안정·확대되고 있다고 할 수 있다.

그리고 코로나19의 영향으로 한 번 더 그 존재 의의를 재검토한 결과, '규슈 빵케이크 카페'를 사회 과제가 있는 장소나 지역에 본격적으로 출점하여 과제 해결을 하려고 2021년 7월부터 본격적으로 규슈 각지에 점포를 내고 있다.

POINT … 저자의 생각

지역창생[16]형 프랜차이즈 모델인 새 점포 '규슈 빵케이크 카페' 히토요시 하센바점(점주는 구마가와쿠다리주식회사)이 있는 곳은 지역부흥의 심벌로 2021년 7월 리노베이션한 '하센바 히토요시 구마가와'다.

구마모토현 호우로 큰 피해를 입은 구마가와쿠다리 히토요시발 선착장에 점포를 낸 것이 바로 사회 과제 해결로 이어지고 있다.

2021년 5월부터 규슈 전체에 '먹거리' 만들기 사업을 지원하는 '규슈 아일랜드(KYUSHU ISLAND)' 프로젝트를 전개하여 '세계가 동경하는 규슈 만들기'를 가속화하고 있다.

---

16 도쿄 집중 현상을 시정하고 지방의 인구감소에 브레이크를 걸어 일본 전국에 활력을 불러일으키는 것을 목적으로 하는 일련의 정책

일본 전국으로 퍼져가는
'아이들 그림'을 래핑한 트럭
'미야타운수' 사례

고속도로 휴게소 주차장에 주차되어 있는 한 대의 트럭. 그 주변으로 자연스럽게 사람이 모이고, 운전사도 자랑스럽게 아이들의 그림을 설명하고 있다.

오늘은 유치원에서 제막식이 열리는 날이다. 아이들은 설렌 표정으로 공개할 때를 기다린다. 자신들이 그린 그림이 트럭의 짐칸에 예쁘게 래핑되어 있는 것이다.

지금으로부터 9년 전인 2013년 8월 30일. 이날은 주식회사 미야타운수(본사: 오사카부 다카쓰키시) 대표이사 미야타 히로후미에게는 평생 잊을 수 없는 날이다.

4대 사장으로 취임한 지 1년째, '생산성지상주의'라는 미명하에 종업원을 돈으로밖에 생각하지 않고 사람을 의심하는 경영을 하고 있던 무렵이다. 종업원(당시 배차 담당/전 운전수)이 '손님을 위해', '목표달성을 위해' 무리하여 핸들을 잡아 일으킨 사망사고.

미야타 씨는 어릴 때부터 좋아했던 트럭으로 사람의 목숨을 빼앗았다는 기막힌 사실을 마주하고서는 '인명을 살리는 경영', '종업원을 믿는 경영'으로 방향을 돌렸다.

그 하나가 2014년부터 시작한 '어린이 박물관 프로젝트'다. 아이가 그린 그림이나 메시지가 래핑된 트럭이 큰 공감을 불러일으켜 2022년 1월 12일 현재, 일본 전국에서 273개 사가 참가하여 총 863대의 트럭이 활약하고 있다.

이 자랑스러운 트럭으로 주행함으로써 운전이 얌전해져 사고율이 40%나 감소했다. 급발진·급정차도 감소하여 연비향상으로 이어졌으며, 무엇보다 트럭의 이미지를 '안심되고·상냥하고·친근감'이 드는 것으로 바꾸는 데 성공했다.

POINT ··· 저자의 생각

미야타운수의 또 하나의 특징은 매달 한 번 일요일에 열리는 '미래회의(경영회의)'다. 현재는 코로나19로 인해 개최가 불투명하지만, 종업원 가족도 지역의 고등학생도 경쟁기업의 직원도 자유롭게 참가하여 발언할 수 있다.

참가자는 월차결산서도 갖고 돌아갈 수 있으며, 경영에 관한 정보가 전부 오픈되어 있는 것이 놀라운 점이다.

이런 오픈된 조직문화이기 때문에 아르바이트나 계약직 직원에게서 나온 아이디어와 행동으로 오랜 과제가 해결되었다는 사례가 수없이 많다.

신규졸업자의 인기기업 랭킹 '지역×업계'에서 No. 1

'KPG HOTEL&RESORT' 사례

도쿄와 오사카에서 인기를 끌고 있는 우동 가게 '쓰루톤탄', 아타미[17]와 교토 등의 스몰럭셔리 리조트 '후후'를 포함해 레저사업을 하는 가토 플레저 그룹(Kato Pleasure Group)에서 호텔 부문을 맡고 있는 다나카 마사오(주식회사 KPG HOTEL&RESORT 대표이사 겸 COO)다.

다나카 씨가 좋아하는 '앵매도리(櫻梅桃梨)'[18]는 『고금저문집(古今著聞集)』[19]에 나오는 말로 "봄에는 벚꽃, 매화꽃, 복숭아꽃, 자두꽃이 있고, 가을은 홍란자국(붉은 난초와 자색 국화)이 있으며, 이들은 모두 가을의 색으로 강렬한 향기가 난다"는 의미를 갖고 있다.

KPG HOTEL&RESORT의 도전도 이 말처럼 "제각각 '독자'적인 아름다운 꽃을 피우도록 각자의 다양성을 존중하고 중요한 역할을 맡음으로써 조직으로서의 '조화'를 높여가는 것"으로 느껴진다.

---

17 시즈오카현(静岡県) 동부에 위치하는 인구 약 3만 3천 명의 시. 아타미온천(熱海温泉) 등으로 유명

18 앵(櫻)은 벚꽃, 매(梅)는 매화, 도(桃)는 복숭아꽃, 리(李)는 자두꽃으로 제각각 독자적인 아름다운 꽃을 피운다는 의미

19 일본의 중세인 가마쿠라시대, 13세기 전반 이가국(伊賀国)[지금은 도카이도(東海道)에 속함]의 장관인 다치바나노 나리스에(橘成季)가 편찬한 세속설화집

이 회사는 『류큐신보(琉球新報)』[20] '취직 페어 2022 특집'(2021년 4월 28일)의 취업희망 랭킹조사에서 종합 11위를 차지했다. 오키나와현 내 호텔업계에서는 힐튼 오키나와 차탄 리조트(종합 13위), 호시노리조트 그룹(종합 15위)을 누르고 1위를 차지했다.

인기 배경에는 이 회사의 경영방침인 '인재육성'과 '다양성', '사회공헌'의 3개 축을 항상 업데이트하고 실천을 계속하는 데 있다.

다나카 사장 자신이 강의를 맡고 있는 '다이쥬카이(大樹会)'(미래의 매니지먼트 후보 육성프로그램)는 2022년 9기째를 맞이했으며, 지금은 회사의 중책을 담당하는 인재도 배출되고 있다.

2015년에는 오키나와현 내 최초로 LGBTQ 웨딩을 개시했으며, 지금은 매년 10건 정도의 결혼식을 추진하고 있다.

POINT ··· 저자의 생각

회의는 전부 일본어로 진행되지만, 직원식당에 가보면 다양한 나라의 말이 들린다. 그도 그럴 것이 KPG HOTEL&RESORT에는 2022년 1월 현재, 21개국의 각 지역에서 온 79명의 외국인 스태프가 활약하고 있어 일본인 스태프에게도 자극이 되고 있다.

그런 활약을 떠받치고 있는 것이 일본 국내에서는 찾아보기 드문 '국제인사부'의 존재다. 취업비자 취득과 일본 생활 전반에 걸쳐 '안심감'을 주는 지원체제를 구축하고 있다.

그 외에도 장애인이나 여자축구팀 '류큐 데이고스'의 선수 고용, LGBTQ 직원 고용에도 적극적으로 임하고 있어 '그 누구도 소외되지 않게

---

20   오키나와현을 중심으로 발행되는 일간신문

하겠다'는 경영이념을 몸소 실천하고 있다. 2016년에는 '오키나와 인재
육성인증기업'으로 지정되었다.

SDGs를 통한
'차세대 리더' 발굴 · 육성
'그린필드' 사례

슈퍼나 편의점에서 흔히 볼 수 있는 '커팅 채소', 언제나 신선하고 편리한 '냉동 채소' 등을 취급하는 유한회사 그린필드(본사: 오키나와현 나하시, 대표이사: 오시로 히로시)로부터 SDGs에 관한 문의를 받은 것은 2020년 1월의 일이다.

오시로 사장과 영업부의 다카라 씨가 제일 먼저 한 말은 "대형 거래처의 SDGs 도입이 빠르다. 우리 회사도 SDGs 대응에 거래처와 어깨를 나란히 해갈 필요가 있다고 느꼈다"는 것이다.

핵심 내용은 오시로 사장의 SDGs에 대응하는 '전향적인 자세와 행동'이라 할 수 있다. 2019년 10월경 대형 거래처 각사의 움직임에 대응해 11월에는 게이오기주쿠대학 미타캠퍼스에서 개최된 'SDGs×행복×경영심포지엄'(주최: 일반사단법인SDGs지원기구)에 참가했다(필자도 자원봉사자로서 조명담당으로 참가).

'SDGs를 앞으로의 경영전략 축'으로 도입하려는 오시로 사장의 강한 의지와 '차세대 리더의 육성 기회'로 삼으려는 우리의 제안이 더해져 2020년 2월 오시로 사장과 부장급 임원, 젊은 층이 함께한 '부서 횡단형

프로젝트'[21]의 서막이 올랐다.

도중에 코로나19로 연수가 연기되거나 온라인으로 변경되는 등 많은 시행착오 끝에 1년 후인 2021년 1월 SDGs 선언(그린필드는 세 가지 쇼쿠[22]로 SDGs 달성에 공헌하겠습니다)을 공식적으로 발표했다. 부서와 직함을 초월한 프로젝트팀의 효과는 기대 이상이어서 SDGs 선언을 하기 전부터 다음과 같은 획기적인 방안을 연달아 내놓았다.

● 커팅 채소의 미이용 부분에 착안

연간 약 17톤을 폐기했던 '여주 속과 씨앗'을 차의 원료로 타이완의 차 제조회사에 공급하여 식품 로스 해소, 폐기 비용 경감, 새로운 매출 확보

● 자사개발상품

'채(菜)·색(色)·건(健)·미(美) BEAUTY SOUP'[23]는 'Nukumori kabocha',[24] 'Makenai tomato',[25] 'Uruoi ninjin'[26]의 세 가지 상품에서

---

21 공통 목표를 달성하기 위해 다른 생각과 경험을 가진 부서나 직원이 진행하는 프로젝트

22 여기서 '쇼쿠'는 한자 '食', '職', '色'의 일본어 'しょく'의 한국어 발음

23 생산에서 가공까지 전체 공정을 취급하는 농업법인 그린필드와 오키나와의 채소 소믈리에 약 15명이 만들어낸 야채수프

24 오키나와산 호박, 당근, 양파, 올리브유, 식염, 생강, 양배추, 셀러리를 재료로 만든 오키나와산 호박수프의 상품명

25 오키나와산 토마토, 적색 파프리카, 양파, 올리브유, 식염, 고추, 당근, 양배추, 셀러리를 재료로 만든 오키나와산 토마토수프의 상품명

26 오키나와산 당근, 양파, 토마토, 호박, 사탕수수, 식염, 양배추, 셀러리를 재료로 만든 오키나와산 수프의 상품명

시작하여 총 일곱 종류로 확대

이 회사가 1년 전에 발표한 SDGs 선언의 핵심 내용인 '세 가지 쇼쿠(食·職·色)'에 관해서는 '식'(식탁과 농업을 연결하는 풍요로운 사회), '직'(누구나 활약할 수 있는 직장 만들기), '색'(일곱 가지 채소로 안심·안전·건강)으로 되어 있고, 이 책에서는 그중 하나인 '식'(식탁과 농업을 연결하는 풍요로운 사회)을 발췌하여 소개한다.

> **'식': 식탁과 농업을 연결하는 풍요로운 사회에 관하여(2021년 현재)**
>
> 그린필드에서는 '커팅 채소 시리즈' 제조과정에서 나오는 채소의 미이용 부분에 착안하여 여주 속과 씨앗을 차의 원료로 공급함으로써 유용하게 활용하고 있다(약 17톤/년). 또 양배추와 양파껍질, 당근껍질, 셀러리 잎 등을 원료로 한 야채육수[베지브로스(vegetable+broth)]의 제품화를 진행하고 있다. 그 외 매일 매입하는 채소(약 10톤) 중에서 양배추 줄기 같은 폐기 부분(약 3톤)은 퇴비 원료로 하는 등 3사가 연대하여 공동체제로 순환형 농업을 실천하고 있다.

■ **앞으로의 목표·계획(2021년 1월 14일 기준)**

- 2024년: 자사 내에 농업 부문(생산부) 설립. 식농산업화로의 첫걸음
- 2026년: 농장에서 글로벌GAP 인증취득. 농업인재 발굴·육성·정착
- 2030년: 생산성 향상과 평준화 추진(기후 등에 좌우되지 않는 채소공장 외)

SDGs에 관해 '사내에 제대로 침투되어 있지 않다', '이해할 수 없다', '정답을 모른다' 같은 고민을 갖고 있는 중소기업의 경영자와 담당자가 많다.

이에 대해 우리는 SDGs는 '침투'시키는 것이 아니라 '함께 만들어내는' 것으로 제안하여 측면에서 지원하는 경우가 늘고 있다.

POINT … 저자의 생각

이번 제1회, 제2회 SDGs 추진 프로젝트에서는 '지속가능한 조직 만들기'로서 '불의 해소 매니지먼트(직장의 기초대사 방법)'를 도입했다.

사회에서의 '불의 해소(≒SDGs)'와 동시에 직장에서의 '불의 해소(≒조직 만들기)'를 하여 사회와 직장을 잇는 '불의 해소 사이클'을 돌렸다(179p 참조).

이런 시도를 통해 전 직원이 '자신들이 가야 할 [미래의 모습]이 가시화'됨으로써 불안감이 해소되었다. 그 결과 파트타임을 포함한 많은 직원의 적극성이 증가하고 SDGs라는 공통언어를 활용함으로써 "거래처와 대등한 입장에서 상담할 수 있게 된 것이 기쁘다"라고 오시로 사장과 다카라 씨는 웃으며 말했다.

2장 칼럼
'겟토(月桃)[27] 비누'와
'카본 마이너스 투어'는 SDGs의 선구

2008년부터 2년간 재단법인 오키나와현 산업진흥공사에서 추진한 '이도(離島)활성화종합지원모델사업'의 전문 코디네이터로 활약했다. 사업에서는 이시가키지마(石垣島)[28]를 담당했는데, 그때 습득한 지식과 경험이 지금의 SDGs로 이어지고 있다고 생각하니 고마운 마음이 든다.

■ 겟토 비누

프로젝트의 하나는 '이시가키산 우지(牛脂)와 겟토의 정유(精油)[29]를 혼합한 비누의 상품화'다. 폐기 처분되던 이시가키산 소기름과 오키나와에서 옛날부터 방충·방균·방취·방부용으로 사용해온 허브인 '겟토'를 혼합한 비누 만들기.

겟토는 적토 유출을 방지할 목적으로 밭 주변에 심은 것인데, 그 잎에서 추출되는 정유는 농가 수입으로도 이어졌다. 지금 생각해도

---

27 오키나와현 등의 야산에 자생하는 다년초

28 오키나와현 야에야마(八重山)열도에 있는 섬

29 식물의 잎, 줄기, 열매, 꽃부리 등에서 채취한 향기로운 휘발성 기름. 향료로 쓰거나 인조향료의 원료로 쓰인다.

SDGs 그 자체다.

유한회사 산샤토(Shanchateau)[본사: 오키나와현 이시가키시, 대표이사: 이마무라 히로시]의 HP를 방문해보면 'Yuino kokoro' 시리즈로 지금도 판매되고 있다.

■ 카본 마이너스 투어

또 하나는 '삼림 흡수원(吸收源)[30]에 의한 배출권과 식수(植樹)에 의한 카본 마이너스 투어'다. 그 기초가 된 것은 이시가키시 상공회가 '지역 내 경제순환시스템 구축을 위해 또 지속가능한 관광산업 실현'을 목적으로 실시하고 있던 '이시가키 브랜딩 프로젝트'다.

먼저 2008년 11월 '카본 오프셋 모니터 투어'를 실시했다. 그리고 이듬해인 2009년 10월에는 '이시가키 카본 마이너스 투어 추진위원회'에 참가하는 이시가키시 상공회, 주식회사국제여행사, 일본트랜스오션항공주식회사(Japan Transocean Air), 카본프리컨설팅주식회사, 재단법인 오키나와현 산업진흥공사가 연대하여 투어를 기획·실시했다.

투어의 전 공정에서 나오는 CO_2 배출량을 1인당 511kg으로 산출하고 그 전량 배출권을 여행 대금의 일부로 구입해 상쇄(카본 오프셋)한 후, 투어 참가자 스스로 이시가키지마에 복목(Garcinia subelliptica)을 식수함으로써 탄소 고정화(카본 마이너스)를 꾀한다는 구조다.

2009년 당시 '삼림 흡수원에 의한 배출권과 식수에 의한 카본 마이너스 투어'는 드물었으며, 일본 최초의 시도로 주목받았는데, 이 또한 SDGs 그 자체다.

---

30 CO_2를 비롯하여 온실효과가스 등을 흡수하는 기능이 있는 것

※ 투어 실시에 관련된 배출량(511kg)은 카본프리컨설팅주식회사(본사: 가나가와현 요코하마시, 대표이사: 나카니시 다케시)가 같은 회사의 기술사(技術士)와 함께 정확히 측정했다.

3장

지속가능한 조직 만들기×
SDGs · ESG경영으로
'돈 버는 회사'로

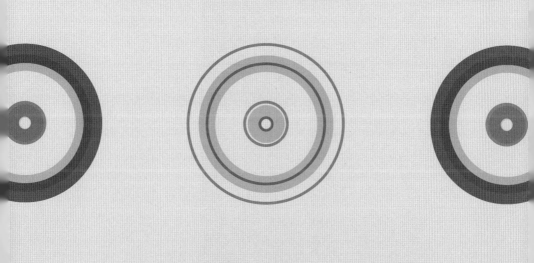

도해로 '지속가능성'을
본질적 · 직접적으로 이해하다

원래 '지속가능성'이라는 말은 1980년대부터 개발도상국의 개발 문제나 지구 환경문제 전문가들 사이에서 사용되었다고 한다.

우리 사회에 조금씩 알려지기 시작한 것은 2005년부터 시작된 ESD(지속가능한 개발을 위한 교육)부터였다(39p 참조). 그 후 SDGs 원년인 2016년부터 조금씩 붐이 일어나기 시작하여 많은 사람이 매일처럼 사용하게 된 것은 2020년 혹은 2021년 이후의 일이다.

즉 '지속가능성'이나 '지속가능한 ○○', '지속가능성 전환(Sustainability Transformation: SX)' 등 갑자기 쏟아져 나온 말 자체가 새롭고, 그 의미와 정의를 본질적으로 완전히 이해하지 못했을 가능성이 있다고 생각한다.

그래서 필자가 중소기업 종사자에게 '지속가능이란 무엇인가?'라는 질문과 함께 '지속가능한 조직 만들기×SDGs · ESG경영'을 전할 때 사용하는 것이 그림 3.1이다. 여러분은 두 가지 중 어느 조직과 커리어, 그리고 지역이 이상적이라고 생각하는가?

다음 그림은 '오키나와현 인재육성기업인증제도'라는 '일하기 편함'과 '일하는 보람'을 양립하는 기업을 오키나와현이 인증하는 제도에서 필자가 사무국장을 맡아(2012년~현재까지) 접수 · 심사 업무를 하면서 느낀 '결과물'을 체계화한 것이다.

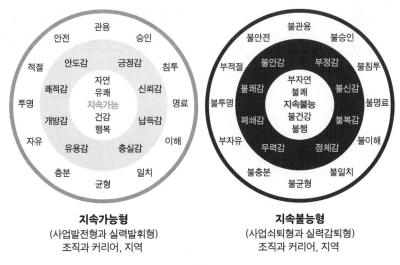

지속가능형
(사업발전형과 실력발휘형)
조직과 커리어, 지역

지속불능형
(사업쇠퇴형과 실력감퇴형)
조직과 커리어, 지역

그림 3.1

  오키나와현 인재육성기업인증제도는 기업에서 보내온 신청서류만으로 심사하는 것이 아니라 파트타임·아르바이트도 포함한 전 종업원의 70% 이상의 '종업원 앙케트'와 경영자를 비롯한 입사 3년차 사원까지 포함한 계층별 '종업원 (의견) 청취'를 종합해서 인증 여부가 판단된다.

  그림을 보는 방법과 사용법을 설명하기 전에 중소기업(=본업)에서의 '지속가능성'에 관한 필자의 생각(세 가지 핵심요소)을 소개한다.

■ 중소기업의 '지속가능성에 관한 세 가지 핵심요소'

① 종업원이 장기간 근무하고 활약한다(지식과 경험이 축적되어 생산성이 향상된다).

② 고객과 오래 접촉할 수 있다(반복과 입소문으로 판매비와 일반관리비

경감, 수익증대).

③ 오랫동안 돈 벌 사업을 만들어 계속 발전시킨다(시대의 변화에 대
응한 상품·서비스).

회사마다 '창업기 → 성장기 → 성숙기 → 쇠퇴기 → 제2차 창업
기'라는 단계가 있고 때로는 종업원·고객·사업 중 어딘가에 의식적이
든 혹은 단기적으로 '고충'이 발생하는 경우가 있는데, 그래도 보통 균형
을 잡고 '지속가능성(사업의 발전)'을 꾀하려고 한다.

그러나 밸런스가 크게 무너질 정도로 종업원이나 직장에 '고충'이
늘어나면 고객 대응이나 서비스의 질 등에도 영향을 미치기 시작하여
점차 조직 전체가 '기능부전'에 빠져 결과적으로 '실적 부진', '일손 부
족' 그리고 '지속불능' 상태가 되어버린다.

그림 3.1에서는 '지속가능'과 '지속불능'을 정점으로 해서 그것을 뒷
받침하는 네 가지 요소로서 '조직 전체 상태'와 '매니지먼트 상황'을 적용
하고 있는데, 여기에는 '자연', '유쾌', '건강', '행복'의 네 가지가 있다.

▪ 자연: 조직 전체에 부자연스러움(무리, 헛됨, 한결같지 않음)이 없는 상
태. 종업원이 자연스럽게 능력을 발휘할 수 있는 경영 모습(예: 틸
조직,[1] 연륜경영,[2] 자연경영[3] 등)
▪ 유쾌: 조직 전체가 불쾌함(초조감, 친밀도가 없음)이 없는 상태. 종업

---

[1] 사장이나 상사가 감독·간섭하지 않아도 조직의 목적 실현을 위해 추진할 수 있는 조직
[2] 나무가 연륜을 쌓아가듯이 조금씩 확실하게 회사를 성장시키는 경영
[3] 자연경영(自燃經營)이란 자연처럼 계속 변화해가는 경영을 말하는데, 직급이 없어 책
임과 권한이 분산되고, 구체적인 계획은 없고 자율적으로 개인이나 팀이 변화에 적응
하는 '생명체적인 조직'을 말한다.

원이 기분 좋게 웃는 얼굴로 일하는 경영 모습(예: 앵거 매니지먼트,[4] 심리적 안정성 등)

- **건강**: 조직 전체가 불건강(컨디션 불량, 멘탈 부조화)하지 않은 상태. 종업원이 심신 모두 건강한 매니지먼트 모습(예: 건강경영, 멘탈 헬스 등)
- **행복**: 조직 전체가 불행(불평·불만의 축적)하지 않은 상태. 종업원이 행복을 느끼고 마음으로부터 충만된 매니지먼트 모습(예: 행복 금액, 웰빙 등)

그림 3.1은 3개의 계층으로 되어 있는데, 가장 안쪽에 지속가능 ↔ 자연·유쾌·건강·행복, 그 바깥쪽에 종업원의 '감정, 생각, 직장의 분위기'가 위치한다. 구체적으로는 '안도감·긍정감·신뢰감·납득감·충실감·유용감·개방감·쾌적감'의 8개 항목이다.

실제로 직장에서는 "지금 하는 일에서 중요한 역할을 맡고 있어 충실감을 많이 얻고 있다"라든지 "우리 회사는 상부상조하는 분위기로 매우 안도감이 든다"는 등으로 표현된다.

또 가장 바깥쪽 계층은 종업원이 일상에서 직면하고 있는 일의 '장면, 상황, 상태'가 된다. 구체적으로는 '안전·관용·승인·침투·명료·이해·일치·균형·충분·자유·투명·적절'의 12개 항목이다.

실제로 직장에서는 "오늘 사장님 말씀은 방향성이 명료하여 이해하기 쉬웠다"든가 "우리 회사는 전향적인 도전으로 인한 실수에는 관용적인 문화입니다"와 같은 표현으로 나타난다.

그림은 기본적으로 바깥쪽에서 안쪽으로 들어간다. 이것은 일상에서 쌓인 사소한 것들이 종업원 개인의 '감정'이나 직장 전체의 '분위기'

---

[4] 영어로는 anger management로 인간이 가지고 있는 분노나 슬픔 등을 컨트롤하는 기술. 분노를 제어하거나 과도하게 발산하는 일 없이 분노의 원인에 맞서는 기술

가 되고 그것이 '조직 전체'에 반영된다는 지금까지의 다양한 식견과 필자 자신의 경험칙에서 얻은 것이다.

예를 들면 상반기(4~9월)의 인사평가에 대해 자신은 A를 주었는데, 상사로부터는 뜻밖에 '불일치'의 C라는 평가가 나왔다. 돌이켜 생각해보아도 최근 반년 동안 특별히 큰 주의를 받지 않았고 나름대로 결과를 남겼는데도 그런 평가를 받았다.

그 후 인사평가 결과에 대해 상사로부터 자세한 설명도 없이 '불명료'하고 '이해도 제대로 하지' 못한 상태로 방치되어 상사에 대한 '불신감'이나 회사에 대한 '불복의 감정'을 키우게 되었다.

그러면서 상사와의 관계도 '부자연'스러워지고 '불쾌감'으로 초조해져 실수가 늘어나 성적 악화(기능부전이나 지속불능)로 이어졌다고 한다. 사실 이런 종류의 상담을 받는 일이 많다.

반면, 매달 한 번 상사로부터 '명료'한 피드백(현시점에서의 평가와 개선할 점, 다음 달에 대한 기대 등)이 있는 경우는 자신의 상태를 잘 이해할 수 있다고 한다. 그렇게 하면 상사에 대한 '신뢰감'이나 일에 대한 '이해도(표에서는 '납득감'이라는 용어로 표현)'가 높아지고 '좋은 기분'으로 일에 몰입할 수 있거나 고객에게 감사의 말을 듣고서 '행복'을 느끼기도 한다.

중소기업에서 '지속가능성을 높인다'는 것은 바로 '고민이나 불평불만이 없는 상태'로 종업원과 직장, 지역과 사회, 지구와 환경을 디자인해가는(의도적으로 창조해가는) 것으로 생각할 수 있고 "'문제의 해소'는 창조적"이라는 의식을 갖는 것이 중요하다.

'지속가능한 조직 만들기'로 이어지는 앙케트 조사

오키나와현에서는 2011년 '현내에 있는 기업의 고용환경실태조사'를 실시했다. 게이오기주쿠대학 SFC연구소가 참여하고 '커리어자율'의 다카하시 슌스케 교수 일행이 감수를 맡았다. 종업원 20명 이상 일하고 있는 현내 기업(2,022개 사)과 그 기업에서 일하는 30대 이하의 종업원(배포 수 24,817매)을 대상으로 한 앙케트 조사다.

이 조사의 핵심은 기업을 인재육성 관점에서 '일하기 편함'과 '일하는 보람'의 '2축 4분면'으로 정의한(그림 3.2 참조) 점에 있고, 그 당시부터 SDGs의 목표 8 '일하는 보람도 경제성장도'에 연결되는 견해를 받아들였다.

■ 인재육성기업(일하기 편함 · 고 × 일하는 보람 · 고)

일하기 편할 뿐만 아니라 종업원이 일하는 보람(성장 실감)을 갖고 있는 기업. 앞으로의 성장을 느끼고(＝성장 예감), 사업 발전도 상상할 수 있다.

■ 인재체류기업(일하기 편함 · 고 × 일하는 보람 · 저)

일하기는 편하지만 종업원이 일하는 보람(성장 실감)을 별로 가지

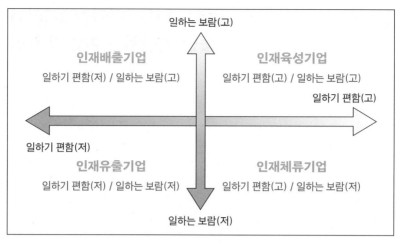

그림 3.2

* 2011년 '현내 기업의 고용환경실태조사보고(오키나와현)'를 근거로 저자 작성

지 못하는 기업. 전직하면 대우가 떨어진다는 이유로 현재의 기업에 머무르고 있다.

■ 인재배출기업(일하기 편함 · 저 × 일하는 보람 · 고)

일하는 보람(성장 실감)은 있으나 현재 회사에 오랫동안 몸 담을 생각이 없는 종업원이 많은 기업(종업원이 자신의 성장을 위해 퇴사 고려)

■ 인재유출기업(일하기 편함 · 저 × 일하는 보람 · 저)

종업원이 일하는 보람(성장 실감)도 느끼지 못할 뿐만 아니라 직장 환경도 잘 갖추어지지 않아 일하는 것도 별로 편하지 않다. 전직하려는 종업원이 많은 기업

'일하기 편함×일하는 보람'을 동반 실현하는 기업의 특징

'현내 기업의 고용환경실태조사'에서 얻은 결과를 바탕으로 2012년 '오키나와현 인재육성기업인증제도'를 설계하고 2013년부터 본격적인 인증심사가 시작되었다.

인증제도의 설계는 영국의 IIP(Investors in People/사람에게 투자하는 기업)와 미국의 GPTW(Great Place to Work/일하는 보람이 있는 회사 랭킹)를 참고해서 만들어졌는데, 다음과 같은 세 가지 특징을 갖고 있다.

① 신청서류, 종업원 앙케트, 종업원 청취의 세 가지 요소를 통해 종합적으로 인증심사가 이루어짐
② 오키나와현 지사의 이름으로 인증서가 수여되고 인증마크를 사용할 수 있음
③ 인증취득으로부터 3년마다 재인증 심사가 이루어짐

인증기업은 3년 후 재인증을 받기 위해 다양한 인사정책에 노력하고 그에 맞는 레벨업을 꾀하고 있다. 그 결과 많은 인증기업이 업계 평균보다 높은 성장률과 업계 평균보다 낮은 이직률, 채용 규모·생산성·정착률 향상을 실현하고 있다.

인증기업에서 종업원 청취(경영자~젊은 사원)를 한 결과, 인증기

업('일하기 편함×일하는 보람'을 동반 실현)과 미인증기업('일하기 편함×일하는 보람'의 양립 미달·불완전) 사이에는 차이가 있는 것을 느꼈다. 그래서 2013~2017년의 5년간 구술필기를 해본 결과 표 3.1과 같은 경향을 확인할 수 있었다..

표 3.1 '일하기 편함×일하는 보람'을 동반 실현하는 기업(=인증기업)의 특징

	'일하기 편함×일하는 보람'을 동반 실현	'일하기 편함×일하는 보람'이 미달·불완전
경영자	무리하지 않고 자연스럽게 결과가 나온다	인재는 갖추어져 있으나 실적이 불안정
부장급	경영전략에서 인사전략까지 통일	경영자의 생각이 불침투·불이해
과장급	회사의 방향성을 이해하고 언어화	눈앞의 숫자에 쫓겨 앞날이 불투명
계장급	직장이 좋은 기분·건강·안심이 되는 상태	직장이 불쾌·불건강·불신의 상태
사원 (지도 측)	커리어스텝이 명료하다	요구되는 평가기준이 불명료하다
입사 3~5년	모델이 되는 상사나 선배가 있다	선배가 바빠서 대화 부족

인증기업에서는 경영자에서부터 젊은 사원의 전 계층에서 직장과 일에 대한 '불만'이 대체로 적고 종업원이 자연스럽게 활약할 수 있는(높은 퍼포먼스) 상태였다.

'기초대사'와 '퍼포먼스(실력)'의 관계성

인증기업('일하기 편함×일하는 보람'의 동반 실현)과 미인증기업('일하기 편함×일하는 보람'의 양립이 미달·불완전)의 차이인 '직장과 일에서의 불(不)의 존재에 관해 뭔가 직감적으로 전달할 방법은 없을까?' 하고 생각하던 2017년, 어떤 하나의 '말'을 우연히 접하게 되었다.

그 말은 성인병 예방과 다이어트를 위해 우연히 읽은 『대사를 올리면 건강해진다』(쓰루미 다카후미, 마키노출판, 2010)에 쓰여 있었다(이하 본문에서 발췌).

> "당신은 자신의 대사에 자신 있습니까?" 이런 질문을 받으면 "잘 모르겠다" 고 대답하는 사람이 대부분이라고 생각한다.
>
> **대사가 좋은 상태란 예를 들면 이런 상태다.**
> - 활동적이고 쉽게 지치지 않는다.
> - 혈행이 좋고 냉증과는 인연이 없다.
> - 숙면과 쾌변을 하며 피부가 좋다.
> - 잘 먹지만 살은 잘 찌지 않는다.
>
> **반대로 대사가 나쁜 상태란 예를 들면 이런 상태다.**
> - 언제나 나른하고 쉽게 지친다.
> - 감기에 잘 걸리고 여름에도 한기를 느낀다.
> - 변비 증상이 있어 잘 자지 못하고 거친 피부가 두드러진다.
> - 살찌기 쉽고 나이보다 늙어 보인다.

또 두통, 어깨 결림, 고혈압에서 아토피성 피부염, 천식, 암에 이르기까지 대부분의 병은 대사 악화로 생긴다고도 할 수 있다. (중략)
대사가 활발하면 혈액이나 내장, 뼈, 피부, 머리카락, 손톱 등 신체의 여러 조직세포가 확실하고 새롭게 잘 살아난다. 몸에 쌓인 노폐물도 자연스럽게 배출되어 장내 환경도 좋고 심신 모두 활동적으로 생활할 수 있다.
식사로 섭취한 탄수화물과 지방도 잘 연소되어 쉽게 살찌지 않고 나이보다 젊어 보인다. 비만과는 관계없고 성인병을 비롯한 모든 질환도 예방된다.

이러한 내용을 바탕으로 '기초대사'에 관해 의료 · 미용 관계자나 스포츠 관계자를 포함한 약 300명에게 물어본 결과 운동 부족, 수면 부족, 불섭생[5]이 화근으로, 불안한 일 등 '불(不)'이 증가함에 따라 기초대사가 떨어지고, 기초대사가 떨어지면 퍼포먼스(실력)도 떨어진다는 것을 알 수 있었다.

---

5   건강을 조심하지 않는 것

'능력×불○○=실력 저하'라는 공식을 해소하자

평소 우리가 아무렇지 않게 쓰는 '능력'과 '실력'의 차이에 관해 생각해보자. 여기서는 능력을 '스펙', '실력'을 '퍼포먼스'로 한다.

'능력(스펙)은 갖고 있는 것', '실력(퍼포먼스)은 발휘하는 것'으로 정의하면 새로운 공식 '능력×불○○ =실력 저하'를 세울 수 있다.

예를 들면 새로운 고성능 컴퓨터를 구입했다고 하자. 처음에는 고성능대로 '하이 퍼포먼스'(갖고 있는 능력대로 실력 발휘)로 움직여준다.

하지만 데스크톱에 파일을 가득 쌓아두고 휴지통도 가득 차고 창을 여러 개 열어두면 점점 컴퓨터가 불안정해져 무겁게 느껴질 정도로 '실력(퍼포먼스)'이 저하되어버린다. 이는 '능력×불안정=실력 저하'로 표현할 수 있다.

꽃가루알레르기를 갖고 있는 사회인에게 꽃가루알레르기 증상이 자신이 하는 일에 영향을 미치는지를 물어본 결과, 79%가 "영향이 있다"고 대답했다. 또 하루에 꽃가루알레르기로 일의 퍼포먼스가 저하되고 있다고 느끼는 시간은 평균 약 2.8시간이었다. 이런 꽃가루알레르기에 의한 노동력 저하의 평균 시간을 근거로 시산한 경제적 손실액은 하루에 약 2,215억 엔(약 2조 1,990억 원)으로 추산되었다.

이것은 사람에게도 마찬가지로 일어난다. 2020년 2월 15일 파나소닉에서 발표한 "사회인의 꽃가루알레르기에 관한 조사"에 의하면 앞과 같은 기술이 있다.

꽃가루알레르기의 경우에는 '능력×불건강＝실력 저하'나 '능력×집중력 부족＝실력 저하'를 생각할 수 있다. 그 외에도 '능력×수면 부족＝실력 저하'도 있을 수 있다.

그렇다면 직장의 '불(不)'은 불쾌한 상사, 불명료한 지시, 평가에 대한 불신감, 가치관의 불일치 같은 예들을 많이 찾아볼 수 있다.

우리는 고객의 불만, 불안, 불쾌, 불편 같은 '불'을 해소하는 일에 정신을 빼앗긴 나머지 자신과 부하직원 그리고 직장의 '불' 해소를 뒤로 미루는 경향이 있는 것 같다.

기업'은' 사람이고
기업'도' 사람이다

06

지금까지 설명한 '중소기업의 지속가능성', '일하기 편함×일하는 보람의 양립', '사람과 조직의 퍼포먼스'에 관한 내용을 다음과 같이 정리할 수 있다.

> • 일하기 편함×일하는 보람의 양립을 동반 실현하는 기업은 대체로 '불'이 적다.
> • 사람에게 '기초대사'가 있듯이 마찬가지로 직장에도 '기초대사'가 있다.
> • '불'이 늘어나면 기초대사가 저하하기 쉽고 퍼포먼스에도 영향을 끼친다.
> • 기업의 '지속가능성을 높이기' 위해 의식하여 '불이 적은 상태'를 만든다.

여기서 마쓰시타 고노스케(松下幸之助)[6]의 명언인 "기업(사업)은 사람이다"를 흉내 내어 '기업[도] 사람이다'로 하고, 기초대사가 떨어졌을 때 '사람'에게 일어나는 상태를 '법인(기업)'에 적용하여 생각해보자(자세한 것은 졸저 『생산성을 높이는 직장의 기초대사』 참조).

기초대사가 떨어지면 사람의 경우 '혈행의 흐름'이 나빠져 손이 곱기도 하고 저리기도 해서 움직임이 둔해진다. 법인의 경우는 고객정

---

6   일본의 실업가, 발명가, 저술가. 파나소닉홀딩스(마쓰시타전기산업)의 창업자. '경영의 신'으로 불렸다.

보나 업무지시, 사장의 생각 등이 현장(제일선)에 전달되지 않아 상품과 서비스의 질(종업원의 사고나 행동 등)에 영향을 끼친다.

또 기초대사가 떨어지면 사람의 경우 피부의 탄력·윤기가 사라지고 '생기'가 없어진다. 법인의 경우는 기존 사원의 '생기'가 사라지고 신규졸업자나 중도 채용에도 영향을 끼친다.

표 3.2 기초대사가 떨어졌을 때 일어나는 현상(사람과 법인의 비교)

사람의 경우		법인(기업)의 경우
혈액의 흐름이 나빠진다.	⬌	정보와 지시가 현장(제일선)에 전달되지 않는다.
림프의 흐름이 나빠진다.	⬌	실수나 트러블 등의 정보가 올라오지 않는다.
땀을 그다지 흘리지 않는다.	⬌	땀 흘리는 일을 하지 않게 되고 반응이 나빠진다.
피부의 탄력·윤기가 사라진다.	⬌	기존 사원의 생기가 사라지고 채용 능력이 저하한다.
살찌기 쉽고 쉽게 피곤해진다.	⬌	활동적인 일, 새로운 일에 도전하지 않아 성장이 둔화된다.
초조해할 일이 많아진다.	⬌	내·외부에서 트러블과 재작업이 많아진다.

이와 같이 불의 방치(증가) ↔ 직장의 기초대사 저하 ↔ 실적 저하 ↔ 지속가능성의 저하로 이어지므로 '불의 해소'가 매우 중요하다.

ESG(SDGs)는 내부에서 외부로가 '돈 버는' 포인트

'SDGs 컴퍼스'를 기준으로 해서 SDGs의 추진·실천을 생각하는 기업이 수없이 많다. 그것은 "기업용 SDGs 도입 입문서"라고도 할 수 있는데, GRI(Global Reporting Initiative), UN글로벌콤팩트(UNGC), 지속가능한 개발을 위한 세계경제인회의(WBCSD)의 3개 단체가 2016년 3월 공동으로 작성했다.

이 책의 '단계 3: 목표를 설정하다'에서 중요한 것은 '아웃사이드 인 어프로치'다. 여기서는 "세계적인 관점에서 무엇이 필요한가를 외부에서 검토하고, 그것을 근거로 목표를 설정함으로써 기업은 현재의 달성도와 요구되는 달성도 간의 갭을 메워간다"라고 기재되어 있다.

하지만 '아웃사이드 인 어프로치'라는 말이 '홀로서기'를 해서 지역의 중소기업임에도 불구하고 '지구 규모', '전 세계', '글로벌' 같은 '외부'의 관점에만 너무 사로잡혀 있는 경우도 흔히 본다.

그것을 개선하기 위해 ESG를 내부에서 'G(종업원·직장) → S(지역·사회) → E(지구·환경)'로 배치한 것이 그림 3.3이다.

중소기업의 SDGs 추진에서는 지나치게 '아웃사이드 인 어프로치'에 사로잡히지 말고 감각적으로 '착안대국 착수소국[7]'을 의식하기

---

7   일을 대국적으로 생각하고 멀리 보되 실행(착수)은 한 수 한 수 집중해 작은 성공들을 모아나아가는 것이 승리의 길이라는 의미

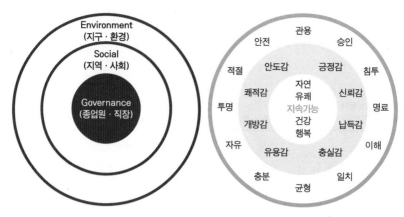

종업원·직장 → 지역·사회 → 지구·환경으로 '불의 해소'

그림 3.3 ESG는 내부에서 외부로('G+S'를 직장의 기초대사로 생각한다)

＊『選ばれ続ける会社とは サステナビリティ時代の企業ブランディング』(細田悦弘, 産業編集センター, 2019)를 참조해서 필자가 독자적으로 작성

를 권한다(40p 참조).

G와 S를 합쳐서 '지속가능형(사업발전형과 실력발휘형) 조직과 커리어와 지역'으로 하여 그림 3.3에 적용해 '종업원·직장 → 지역·사회 → 지구·환경'과 내부에서 외부로의 '불의 해소'를 기본으로 하면 '본업에서 사회 과제를 해결할(돈 벌)' 포인트를 찾기가 쉬워진다.

여기서 다시 ESG 성립에 관한 역사를 설명하겠다. 그림 3.4에서 볼 수 있듯이 ESG의 원류라는 '사회적 책임투자(Socially Responsible Investment: SRI)'는 1920년대 미국에서 크리스트교재단의 자산운용(기부금 등)에서 시작되었다고 보는 것이 일반적이다.

그 당시는 교의에 반하는 무기, 도박, 담배, 알코올 등에 관련되는 기업에 대해서는 윤리적인 관점에서 투자를 제외하는(네거티브 스크린) 판단을 했다고 한다.

1960년대는 베트남전쟁을 반대하는 여론이 높았고, 특히 네이팜

탄(Napalm bomb)이나 고엽제가 문제시되어 군대 관련 산업의 주식매각이나 주주에 대한 제안이 활발하게 이루어졌다.

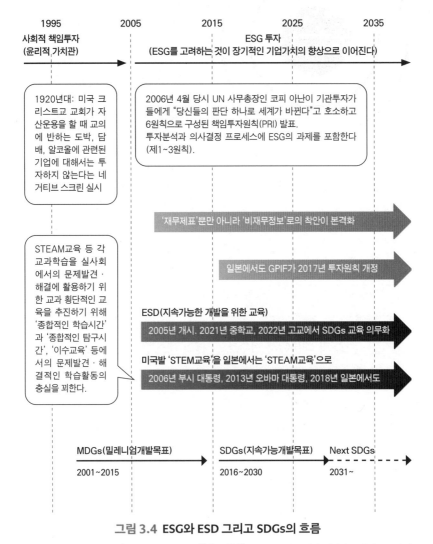

그림 3.4 ESG와 ESD 그리고 SDGs의 흐름

* 『60分でわかる!SDGs超入門』(バウンド, 技術評論社, 2021)을 참조해서 필자가 독자적으로 작성

1980년대는 남아프리카공화국의 '인종격리정책'에 이의를 제기하는 형태로 이 나라에 진출하는 기업에 대한 투자를 꺼리는 움직임이 있었고, 1990년대는 '오존층 파괴'가 발단이 되어 이산화탄소를 많이 발생시키는 석유·석탄 산업에 대한 비난의 소리가 거세졌다.

그 후 전 지구적인 '환경문제'와 개발도상국의 '인권문제'가 화제가 되어 환경문제와 사회 과제를 배려하는 기업에 투자하는 움직임(포지티브 스크린)이 활발해졌다.

이런 가운데 2006년 4월 당시 UN 사무총장인 코피 아난(2001년부터 MDGs도 추진)이 기관투자가를 비롯한 금융업계에 "당신들의 판단 하나로 세계가 바뀐다"고 호소하며, 다음의 여섯 가지 원칙으로 구성되는 'PRI(책임투자원칙: Principles for Responsible Investment)'를 제창했다.

PRI의 원칙 중 제1~3에는 '제1원칙: 우리는 투자분석과 의사결정 프로세스에 ESG 과제를 포함한다', '제2원칙: 우리는 활동적인 소유자가 되어 소유방침과 소유습관에 ESG 과제를 포함한다', '제3원칙: 우리는 투자대상 주체에 ESG 과제에 관한 적절한 공개를 요구한다'는 ESG 문구가 들어가 있다.

ESG를 고려하고 그것에 맞는 경영을 해나가는 것이야말로 '장기적인 기업가치 향상'으로 이어진다는 오늘날의 사고개념에 이르는 계기가 되었다.

또 'ESG와 기업의 경쟁력: 경영환경과 돈의 흐름(1)'(31p 참조)에서 ESG를 의식한 경영의 일부에 관하여 언급했는데, 표 3.3에서는 그 구체적인 항목을 일람표로 정리했다. 이것을 보면 ESG(SDGs)는 내부에서 외부로, 그리고 회사 전체가 혼연일체가 되어 '불의 해소 사이클'을 돌리고 '근로방법 개혁'과 'SDGs경영'을 동시에 추진해가는 것이 중요하다는 것을 알 수 있다.

표 3.3 ESG의 구체적인 항목

Environment (지구 · 환경)	온실효과가스 배출감축	재생가능에너지 이용	책임 있는 원재료 조달
	화학물질과 폐기물관리	대기오염 방지를 위한 대책	삼림파괴 저지와 삼림 보전
	해양 플라스틱 문제 해결	수질오염 방지를 위한 대책	수자원 고갈 대책과 호수 보전
	생물다양성 유지 · 손실 방지	사막화와 토양 열화 방지대책	기타
Social (지역 · 사회)	종업원의 권리와 안전 위생 보호	종업원의 인적자원 개발 촉진	헬스케어와 웰빙
	일하기 편함×일하는 보람 양립	여성과 장애인 활약 촉진	다양성과 일체
	아동노동 · 강제노동 박멸	서플라이체인 · 매니지먼트	지역사회의 지원과 양호한 관계
	제품의 안전성과 품질 관리	원료와 공정의 안전성 확보	기타
Governance (종업원 · 직장)	경영이념과 행동지침 침투	장기적인 경영계획 결정	적정한 보수설정과 납세 수행
	정보 공개의 투명성과 건전성	이사회의 독립성과 다양성	이해관계자와의 관계성
	각종 따돌림 예방 · 대책	법령준수	부정 · 뇌물 등의 독직 방지
	리스크 관리체제 구축	BCP(사업계속계획) 결정	기타

* 『60分でわかる!SDGs超入門』(バウンド, 技術評論社, 2021)을 참조해서 필자가 독자적으로 작성

좋은 디자인상을 받은
'참치어선'과 'MSC인증'
'우스후쿠본점' 사례

미야기현 게센누마항에 'SDGs 모델'이 되는 원양참치 연승어선 '다이이치쇼후쿠마루(Shofuku maru No.1)'가 있다. 선주는 주식회사 우스후쿠본점(본사: 미야기현 게센누마시, 대표이사: 우스이 소타로)이며, 1882년에 창업하여 140년의 역사를 자랑한다.

우스이 사장과의 인연은 동일본대지진이 일어난 그다음 해인 2012년 게센누마를 방문했을 때부터 시작되었다. 다이이치쇼후쿠마루를 'SDGs 모델'로 생각하는 것은 다음의 두 가지 이유 때문이다.

① 다이이치쇼후쿠마루는 '사람이 모이는 매력 있는 어선'을 콘셉트로 하여 기능성뿐만 아니라 안전하며 일하기 편하고 육상에 있는 것 같은 '안도감'과 '쾌적성'이 있는 '승조원 우선정책'을 내건 어선으로 건조되어 2020년 좋은 디자인상도 수상한 것
② 2020년 8월 대서양 흑참치(bluefin tuna) 어업에서 세계 최초로 '지속가능한 어업'의 세계기준 'MSC인증(통칭: 바다의 에코라벨)'을 취득한 것

우스이 사장은 대지진에서 오늘에 이르기까지 '자신의 생각'을 다음과 같이 말했다.

지진을 경험하고 새롭게 느낀 점은 '식(食)'의 소중함이다. 살아남은 우리의 역할은 식의 소중함을 전달하고 과거 세계 1위였던 일본 어업을 세계와 승부할 수 있는 산업으로 다시 태어나게 하는 것이다. 그래서 '과연 지금 같은 어선으로 6대째가 되는 아들들이 이어줄 것인가? 현재의 환경과 산업 형태로 일본이나 세계의 젊은이들이 일본 어업에 뛰어들 것인가?'라고 생각하며 행동을 결의했다.

단기적인 '방법'이 아니라 차세대로 연결될 수 있는 '모습'에 시선이 쏠리고 있다.

POINT ··· 저자의 생각

이번 다이이치쇼후쿠마루의 시도는 바로 앞 절의 'ESG(SDGs)는 내부에서 외부로'와 통한다. 고속통신의 도입으로 해상에서도 인터넷 동영상 시청, 화상회의 활용, SNS로 정보 발신 등 먼바다와 육지의 쌍방향성이 향상되고 젊은이들의 승선 희망도 증가했다. 또 최신 기상 해상 데이터에 의한 최적 항로로 4.2~2.6%의 연료 절감(에너지 절약) 효과도 예견되고 있다. MSC인증을 취득한 후 잡은 참치는 호텔이나 술집, 해외 거래도 늘고 있다고 한다.

교사의 '근로방법 개혁'을 현장에서 지원하는 프로집단

'ARROWS' 사례

2021년 봄, 교원들 사이에서 빠른 속도로 공유된 것이 '전국에 있는 학교의 근로방법 개혁 사례집'(문부과학성)이다. 필자도 숙독했는데, '이것은 기업에서도 충분히 활용할 수 있겠다!'고 생각했을 정도다. 이 사례집을 정리한 것은 주식회사 ARROWS(본사: 도쿄도 주오구, 대표이사: 아사타니 하루키)로 '교사를 통해 교육을 바꾸어간다'를 비전으로 내걸었다.

문부과학성이 공표한 '교원근무 실태조사(추정치)'(2016년 4월)에 의하면, 중학교 교사의 1.7명 중 1명, 초등학교 교사의 3명 중 한 명이 '과로사 라인'(월 80시간의 잔업)을 넘는 장시간 노동을 강요받고 있다는 실태가 밝혀져 교원의 근로방법 개혁이 주목된다. '지속가능한 개발을 위한 교육'을 맡고 있는 교사가 '지속불능' 상태에 처해 있다.

그 이전부터 아사타니 사장은 일본 교육현장의 '과제를 해결'하기 위해 2013년에 일본 전국 각지의 교사가 연계되는 '교사 노트'라는 플랫폼을 발표했다. 필자도 초기에 미력이나마 공식 작가로서 얼마간의 칼럼을 투고했다.

'교사 노트'는 교사에게 부족하기 쉬운 횡적 연대[8]에 인터넷을 매개로 함으로써 지금은 3만 명이 모이는 '온라인직원실'로 성장했다.

예를 들면 2020년 3월 코로나 와중에 '졸업식을 어떻게 할 것인가'라는 정답이 없는 질문에 대해 현장 수준의 횡적 연대로 '이해할 수 있는 답'을 도출하는 변혁이 일어났다.

POINT ··· 저자의 생각

우리 시대의 '가정과'는 '조리실습'이나 '재봉' 위주였지만 지금은 '어떻게 이 세상을 살아갈 것인가'라는 관점이 중심이 되어 있고, 고등학교 가정과에서는 2022년부터 '투자교육'도 시작되었다. 당연히 이 책에도 소개된 ESD와 SDGs 관련 내용을 포함해 새로운 수업내용에 관해서는 교사의 식견이나 경험이 '부족'한 느낌이 든다.

이를 해결하기 위해 태어난 것이 '교사의 세상 학'[9]이라는 구상이다. 기업이 가진 식견이나 도구, 데이터 등을 활용해 '교재'를 공동개발하여 교사에게 무상으로 제공함으로써 교재 작성 등의 부담을 줄인다. 기업 측의 장점으로는 자사의 상품이나 서비스를 아이들에게 알릴 기회가 되어 그야말로 '공존공영' 모델이다.

---

[8] 동료나 친구 같은 상하관계가 없는 사람끼리의 유대관계를 말한다. 상사나 선배, 부하와의 '종적 연대'보다 사적인 대화나 본심을 말하기 쉬운 관계성이 있다.

[9] 일본이나 세계를 리드하는 최전선의 기업과 함께 그 기업이 가진 식견, 도구, 데이터, 최신정보를 아낌없이 투입하여 만드는 완전한 오리지널 수업이다.

고문회사의 '흑자화' 지원을 통해 사회 과제에 맞서다
'기무다카세무사법인' 사례

SDGs의 '목표 1: 빈곤을 없애자', '목표 2: 기아를 제로로', '목표 4: 양질의 교육을 모두에게' 같은 사회 과제를 보면 여러분은 어떤 나라와 지역이 생각나는가?

지금 일본에서는 '아동의 빈곤과 교육격차', '한부모가정의 상대적 빈곤'과 같이 '빈곤'에 관한 다양한 문제가 표면화되고 심각해지고 있다.

'2019년 국민생활 기초조사'(2020년 7월 17일, 후생노동성)에 따르면, 아동의 빈곤율(17세 이하)은 13.5%로 약 7.4명 중 1명이 빈곤 상태에 있다.

오키나와현에서도 '아동의 빈곤문제' 해결을 위한 다양한 시책이 전개되고 있는데, 2017년 현재 상대적 빈곤율은 29.9%로 전국의 2배, 약 3.3명 중 1명이 빈곤 상태다.

기무다카세무사법인(본사: 오키나와현 나하시, 대표사원 · 세무사 오하마 신사부로 포함, 주식회사 기무다카경영)에서는 고문회사의 '흑자화' 지원을 통해 현민 소득의 향상과 상대적 빈곤율 개선 등 '누구나 행복을 느낄 수 있는 사회 실현'을 지향하고 있다.

기무다카란 오키나와 방언으로 '의지가 강하다'라는 의미다. 오하마 대표를 중심으로 자사를 '경영수법의 실험장'으로 받아들여 자사에서 성공(실패도 포함)한 '경영이론과 수법', '인재육성과 조직개발 사례'를 고문 회사에 아낌없이 제공하고 있다.

그 결과 2021년 고문회사 기업의 '흑자화'율은 63%로, 전국평균 34.6%(*)를 크게 상회하고 있다(*2021년 3월 26일 '국세청 통계법인 세표' 데이 터에서).

기무다카세무사법인 스스로도 2019년 '일본에서 사원을 가장 소 중히 여기는 기업대상(주재: 신인사제도연구회)'을 수상했고, 2020년에는 오키나와현 내의 사업(士業)[10]법인으로서는 최초로 '오키나와현 인재 육성인증기업' 인증을 취득했다.

POINT … 저자의 생각

기무다카그룹을 방문하면 제2장에서 소개한 '공 · 조 · 자 · 지 · 건 · 심'이 충족되어 있다고 느낀다.

육아와 돌봄을 위한 '시간 단위'의 유급 휴가제도, '가족판 경영방침 서' 배포로 가족이 안심하고 종업원을 응원할 수 있는 직장 만들기 등을 실 시하고 있다.

그 외에도 2016년에는 모든 사원에게 전용 스캐너를 배포하여 사내 자료의 전자화를 시작했다. 2020년 현재 1년에 약 80kg의 CO_2 감축을 실 현하고 있다(2016년 대비).

10　일본에서 명칭 끝에 사(士) 자를 사용하는 직업(변호사, 사법서사 등)의 속칭

'카드게임'과 '애니메이션 동영상'으로 SDGs를 배우다

기업에서 SDGs를 추진하는 초기에는 SDGs의 세계관을 체험할 수 있는 '카드게임'이나 SDGs의 기본내용을 이해할 수 있는 '애니메이션 동영상'도 추천한다.

■ 프로젝트디자인(카드게임)

SDGs 관련 카드게임에는 다양한 종류가 있는데, 그중에서 가장 유명한 것이 전 세계 20개국에서 20만 명 이상이 체험하고 있는 '2030 SDGs'다. '2030 SDGs 게임'을 일반사단법인 이마코콜라보 (Imacocollabo)와 공동으로 개발한 것이 주식회사 프로젝트디자인(본사: 도야마현 나메리카와시, 대표이사: 후쿠이 노부히데)이고, 그 외에도 'SDGs de 지방창생', 'SDGs 아웃사이드 인 카드게임' 등의 제작도 직접 하고 있다.

"'대기업에 들어가지 못하면 좋은 연수를 받을 수 없다'가 아니라 연수를 비즈니스게임으로 패키지화하면 원가를 줄여가면서 양질의 교육을 널리 제공할 수 있다"는 후쿠이 사장의 말처럼 300개 사 이상이 도입한 'The상사' 등 비즈니스게임의 제작·제공을 통해 기업의 인재육성과 조직개발, '사회 과제 해결'에 힘쓰고 있다.

사실 필자도 '2030 SDGs 게임', 'SDGs 아웃사이드 인'의 공인 퍼실리테이터이기도 하고 기업과 교육기관의 연수에 활용하고 있다.

● SDGs지원기구(애니메이션 동영상)

SDGs 관련 동영상으로는 '애니메이션으로 알 수 있는 SDGs', '비즈니스×SDGs' 등을 갖추고 있는 'SDGs 채널(유튜브 채널)'이 인기를 끌고 있다. 2021년 12월 현재 채널 등록자 수는 2만 명이 넘고, 일본 전국의 교육·행정기관에서도 활용되고 있다.

이 채널은 일반사단법인 SDGs지원기구(사무국: 이시카와현 가나자와시, 대표이사: 가와카미 신노스케/구스노세 다케시)가 운영하고 있고, 유튜브 채널 외에도 기업용 SDGs경영의 도입지원과 컨설팅, SDGs 전문가를 육성하는 강좌 등도 개설되어 있다. 필자도 2019년 6월 1기생으로 수강했다.

그런데 '애니메이션으로 알 수 있는 SDGs'의 기획과 제작을 맡은 사무국장 후카이 노부미쓰는 현재 인터넷뿐만 아니라 지상파에서도 꽤 유명하고, JNN[11] 계열의 튤립TV(도야마현)의 저녁뉴스 'N6'의 '아이들도 알 수 있는 SDGs' 코너에 매달 고정 출연하고 있다.

또 2021년 11월에는 자신의 첫 저서인 『초등학생의 SDGs』(角川書店)도 출판되어 SDGs를 처음 배우는 아이들 눈높이의 입문서로서 인기를 얻고 있다.

---

[11] Japan News Network의 약자로, TBS TV를 핵심 방송국으로 하는 일본의 민영방송 TV국의 뉴스 네트워크다.

4장

SDGs 시대의
비즈니스모델
만드는 방법

'경영이념 → 비즈니스모델 → 종업원 → 고객 → SDGs' 순서로 만든다

앞에서 말한(66p) '취업준비생의 기업선택과 SDGs에 관한 조사'(커리어+취활 2021리포트)에 매우 흥미로운 데이터가 있었다.

그것은 '기업의 사회공헌도를 판단할 요소와 정보원'에 관한 항목이다. 여기서 사회공헌이란 '본업에서 사회 과제를 해결한다'는 의미로 생각되는데, 그 결과를 보도록 하자(ESD·SDGs교육을 받은 취업준비생의 대답). 거기에는 다음과 같이 되어 있고, 직접적인 'CSR/ESG/SDGs에 대한 방안'은 다섯 번째(26.1%)다.

이런 사실로 미루어보아 취업준비생들은 본업에서 사회 과제를 해결하기 위해 무엇보다 경영 방침인 '경영이념'이 중요하다고 생각하는 것 같다.

> 사회공헌도를 판단하는 요소로 가장 많은 학생이 꼽은 것은 '경영이념'(52.9%)으로 절반을 넘는다. 이어서 '비즈니스모델'(44.2%), '종업원에 대한 자세'(39.6%), '고객/소비자에 대한 자세'(37.9%)가 40% 전후로 이어진다. '사업 활동이 사회에 공헌하고 있는가?', '이해관계자에 대한 자세는 어떠한가?' 등 판단재료는 다양하다.

다음으로 '방침(경영이념)'을 실현하기 위한 '비즈니스모델'이 어떻게 구축되어 있는가를 주된 요소로 파악하고 있고, '비즈니스모델'에서는 '종업원과 고객의 관계성'이 얼마나 중요한가를 본질적이고 직접적으로 이해하고 있는 것으로 보인다.

이런 '경영이념 → 비즈니스모델 → 종업원 → 고객 → SDGs'에 관하여 또 다른 한쪽인 경영자 측의 관점에서 생각해도 순서는 같을 것으로 생각한다.

일전에 경영자를 위한 세미나 '돈 버는 회사로 바뀌다! SDGs경영'(2021년 7월 20일, 주최: 일본경영합리화협회)에서 강연했다. 당일은 일본 전국에서 현장과 온라인을 합쳐 70명이 넘는 경영자들이 참가해 수강했다. 또다시 중소기업 경영자의 SDGs에 대한 흥미와 높은 관심, 강한 위기감을 피부로 느낄 수 있었다.

주체인 일본경영합리화협회(사무국: 도쿄도 지요다구, 회장: 무타 가쿠)는 오너계 중소기업 경영자를 중심으로 약 14만 개의 회원사를 갖고 있는데 '사장업이란 무엇인가?'를 탐구하면서 그 해답의 하나로 "사장업이란 변화에 대한 대응업"이라고 정의한다.

이 협회의 오랜 노하우는 '사업발전계획서'와 '사업발전계획발표회'로 체계화되어 있다. 그리고 그 핵심인 '4대 체계(이념 → 전략 → 전술 → 목표)'에 대해 필자 나름의 해석도 포함하여 다음과 같이 정리해보았다.

SDGs에서는 '백 캐스팅(back casting)[1]이 중요하다'고 해서 무리해서라도 뭔가 새로운 '미래의 모습'을 설정하고 역산하여 그 목표를 생각하려는 기업이 많은데, 원래 기업에는 "이상으로 생각하는 미래의 모습"인 '이념'이 있다.

---

1   이상적인 미래의 모습에서 거꾸로 계산해서 현재 실행해야 할 시책을 생각하는 사고법

① **이념**(사장의 로망이나 사상: 사업경영의 목적 · 신념 · 사명감 · 인생관 · 종교관 등)

② **전략**(돈 버는 방향성이나 체질: 환경 · 상황변화에 대한 대응, 가격과 수량의 결정권 등)

③ **전술**(판매력 · 기획력 · 조직력 · 재무력 · 기술력: 경쟁우위성과 인재육성 등)

④ **목표**(수치화한 목적+사장의 강한 의지 표현: 매출목표나 이익목표 등)

여기서는 '이념'을 기본으로 하여 1장 1절 "SDGs는 경영에서의 '환경 · 약속 · 기능'이다"에서 언급한 세 가지 질문을 적용하여 'SDGs 추진 프로젝트'에서 경영자의 킥오프 코멘트처럼 표현해보겠다.

우리 회사에는 ○○라는 '이념(이상으로 생각하는 미래 모습)'이 있고, 오랫동안 소중히 해왔다. 그리고 앞으로도 변함없이 그 '이념'을 실현해갈 것이다.

현재 SDGs를 중심으로 한 경영환경에 변화가 일어나고 있다. 그러한 변화에 대응하기 위한 비즈니스모델, 즉 '전략 · 전술'을 재구축 · 재정의할 필요가 있다.

그래서 중요한 것이 '종업원들의 모습(태도)과 손님(고객)과의 관계성'이다. 그리고 SDGs가 내건 전 세계 공통언어인 '기능'을 활용해 사내외에 발신해가면서 성실하게 그 '약속'을 지켜간다.

구체적인 '약속' 내용(목표)에 관해서는 SDGs에 올라와 있는 17가지 목표와 169개의 세부목표를 기본으로 자사다움을 충분히 발휘하면서 '종업원'이 하나가 되어 생각하고 행동함으로써 '가시화 · 언어화 · 양성화(행동화)'해가도록 하자.

'**SDGs**'와 '**근로방법 개혁**'의 본질은 '**비즈니스모델의 변혁**'이다

'비즈니스모델'이란 일반적으로 "기업이 이익을 창출하고 사업을 계속해나가기 위한 구조(전략 · 전술)"를 말한다. 또 다양한 경영환경이나 상황변화에 대해 기업의 지속가능성을 좌우할 중요한 요소라고도 할 수 있는데, 다음의 6W3H 조합으로 각사의 비즈니스모델이 만들어져 있다.

- What(무엇을 실현하고 싶은가?: 경영이념/경영의 방향성을 나타낸다 — 북극성)
- Why(왜 회사를 창업했는가? — 창업정신/최근에는 존재 의의 · 목적)
- Where(어디에 집중하는가?: 대상이 되는 시장/전개할 거점 — 인재 확보)
- When(언제까지 달성하는가?: 기한/시대의 니즈에 맞는가 — 유행)
- Whom(누구와 함께 실현하고 싶은가?: 종업원 · 거래처 · 업무 제휴처 · 주주 등)
- Who(누구를 대상으로 하는가?: 지역 · 연대 · 직업 · 성별 · 특기 · 소득 등 — 속성)
- How(어떻게 제공하는가?: 유형 · 무형의 서비스나 현장 · 온라인 등)
- How much(얼마에 제공하는가?: 가격/일괄 · 서브스크립션[2] 등 — 지불 방법)
- How many(어느 정도의 규모인가?: 판매 수량이나 크기/잠재고객 수 등)

2 subscription: 서비스나 제품을 일정 기간, 일정 요금으로 제공하는 서비스

코로나19의 영향으로 유감스럽게도 많은 기업이 비즈니스모델을 변혁해야 할(혹은 변혁하지 않을 수 없는) 상황이 되었다.

예를 들면 상거래 협의를 위한 출장이나 거점을 벗어난 사내 회의, 연수나 컨설팅 등의 내용은 물론 현장에서 하는 것(=직접 만나는 것) 자체도 중요한 '의미'라는 것을 인식한 것 같다.

우리도 3~4년 전쯤부터 온라인상의 연수를 권했는데, "역시 연수는 현장이 아니면…"이라든지 "연수 후의 간담회가 중요하지요~"라며 제안이 받아들여지지 않았다.

그런데 2021년에 들어서면서 특히 연수는 온라인이나 온디맨드(On demand)가 기본 스타일로 정착되어가는 느낌이다.

그 외에도 만원 전철에서 고생하며 통근하기보다 '재택근무'로, 도심부에서 비싼 집세를 내면서 살기보다 주거지에 가까운 '코워킹 스페이스(공유 업무 공간)'를 활용해 작은 복수의 거점 공간을 이용하는 움직임도 나오고 있다. 또 계약서도 '전자계약서'로 바뀌고, 청구서도 "PDF로 OK"와 같은 흐름이 빨라지고 있다.

비즈니스모델을 변혁해가는 다양한 움직임에 관해서는 코로나19 감염 확대 방지 대응에 쫓기는 가운데 각 기업·단체·학교 등이 많은 고심을 한 끝에 속도를 내게 된 것이라 할 수 있는데, 원래는 '근로방법 개혁실현회의'(2017년 3월 28일)에서 결정·발표된 '근로방법개혁실행계획'에 기재되어 있는 내용에 포함되는 것이라 할 수 있다.

근로방법개혁실행계획의 아홉 가지 항목
① 비정규직 고용자의 처우개선(동일노동 동일임금 등)
② 임금인상과 노동생산성 향상(최저임금 인상 등)
③ 장시간 노동의 시정(시간 외 노동의 상한 규제 등)

④ 유연한 근로 방법 지원(재택근무 확대, 부업·겸업 추진 등)

⑤ 육아·돌봄과 일의 양립 추진(보육·돌봄 직원의 처우개선 등)

⑥ 외국인 인재의 수용(구체적으로 검토 착수)

⑦ 여성·젊은이의 활약 추진(취업빙하기 세대에 대한 지원 등)

⑧ 전직·재취업 지원(전직 지원 수용 조성, 인재교육 등)

⑨ 고령자의 취업 촉진(65세 이상의 계속고용 등)

'근로방법 개혁'이 중요해진 이유는 다음과 같이 제시되어 있다.

일본 경제성장의 근본적인 애로 사항으로는 저출산·고령화, 생산연령인구 감소, 즉 인구문제 같은 구조적인 문제에 이노베이션 결여에 따른 생산성 향상의 저조, 혁신기술에 대한 투자 부족이 있다. 일본경제가 다시 살아나기 위해서는 투자와 이노베이션 촉진을 통한 부가가치생산성 향상과 근로 참가율 향상을 꾀할 필요가 있다. 그러기 위해서는 누구나 삶의 보람을 갖고 능력을 최대한 발휘할 수 있는 사회를 만들어야 한다. 1억의 인구가 활약할 수 있는 밝은 미래를 열 수 있으면 저출산·고령화에 따른 다양한 과제도 극복할 수 있을 것이다. **가정환경이나 사정은 사람마다 다르다. 뭔가를 하려고 해도 획일적인 근로제도, 보육과 돌봄의 양립 곤란 등과 같은 다양한 벽이 앞을 가로막고 있다. 이런 벽을 하나씩 제거해가는 것이 1억의 인구가 활약하는 국가 만들기다.**

삼방만족×이타 정신×
논어와 주판×탈: 음덕선사

SDGs 관련 연수나 강연회에서 자주 인용되는 것이 일본에는 '100년 기업(창업 100년을 넘는 기업)' 수가 많다는 것이다. '리포트: 노포기업의 실태조사'(2021년 1월, 데이코쿠데이터뱅크)에 의하면, 창업 100년 이상된 노포기업은 일본 전국에 약 3만 3천 개사다. 일반사단법인100년경영기구의 HP에 의하면, "100년 이상 지속되는 기업은 2만 6천 개사를넘어 전 세계 100년 기업의 40%가 일본에 집중되어 있다"고 하는데,일본기업의 '지속가능성' 수준이 세계적으로도 두드러진다고 할 수 있다.

기업의 수명은 일반적으로 30년이라고 한다. '2020년 창업 30년이상의 노포기업 도산조사'(2021년 2월 3일, 도쿄상공리서치)에 의하면,'2020년 도산한 기업의 평균수명은 23.3년(전년 23.7년)으로 2년 연속전년도를 밑돌았다. 산업별로는 최장이 제조업의 33.4년(전년 34.9년),최단은 정보통신산업의 14.9년(전년 16.7년)으로 그 차이가 18.5년(전년18.2년)으로 벌어졌다는 내용도 있어서 일본기업의 수명은 15~35년정도로 생각해도 될 것 같다.

기업수명 측면에서 생각해보면 '100년 기업'에는 뛰어난 '지속가능성' 수준이 타사와는 분명히 구별되는 뭔가가 있는데, 예를 들면 '부모에서 자식으로' 전승되는 기술이나 지식 외에 시대와 환경변화에도대응해갈 수 있는 '경영철학'의 공통점이 있다고 생각한다.

이러한 100년 기업의 암묵지(暗默知)[3]적인 노하우를 가시화하는 연구를 하는 것이 '100년기업연구회'(222p 참조)다. 또 이 절에서는 '일본형 경영'의 기본적인 요소로 SDGs경영과의 친화성으로 최근에 자주 언급되는 '삼방만족', '이타 정신', '논어와 주판' 그리고 '탈: 음덕선사'에 관해 생각해보겠다.

■ 삼방만족

'삼방만족'은 '오미상인'의 경영철학으로 세상에 널리 알려져 있다. 오미상인이란 지금의 시가현(滋賀県)[4][오미노쿠니(近江国)[5] · 히코네번(彦根藩)[6]]에서 장사하던 사람들이 아니라 에도 시대부터 메이지 시대 오미를 거점으로 하면서도 오미노쿠니 · 히코네번을 떠나 일본 각지에서 활약한 상인을 말한다. 말하자면 '삼방만족'은 자신이 태어나고 성장한 지역 이외의 지역에 사는 사람들에게 진심으로 받아들여져 장사를 계속해가기 위해 소중히 여겨온 모습이라고도 할 수 있다.

오미상인의 한 사람이던 이토 추베(伊藤忠兵衛)[7]를 창업자로 하는 이토추상사주식회사는 2020년 4월 28년 만에 경영이념을 '삼방만족'으로 수정했다. 이 회사의 HP '오미상인과 삼방만족'에는 다음과 같이

---

3   오랜 경험이나 노하우, 직감, 느낌이나 이미지 등과 같은 경험적 지식으로 말이나 글 등의 형식을 갖추어 표현할 수 없는 지식

4   일본의 긴키지방(近畿地方)에 위치하는 현

5   예전 일본의 지방행정 구분이던 영제국(令制国)의 하나

6   오미노쿠니 북부를 영유한 번(藩)

7   일본의 상인, 실업가. 이토추상사(伊藤忠商事) · 마루베니(丸紅)라는 2개의 대형 종합 상사를 창업하고 다각적인 경영으로 이토추재벌을 형성했다.

기술되어 있다.

'장사에서 파는 사람과 사는 사람이 만족하는 것은 당연한 일이며, 사회에 공헌할 수 있어야 좋은 장사라고 할 수 있다'는 사고방식이다. 시가대학 우사미 명예교수에 의하면 "파는 사람에게 좋고 사는 사람에게 좋고 세상에 좋다"는 의미인 '삼방만족'이라는 표현은 후세에 오미상인의 경영이념을 표현하기 위해 만들어졌는데, 그 출처는 초대 이토 추베가 오미상인이던 선친에 대한 존경의 마음을 담아 표현한 "장사는 보살의 업(행), 상도의 존귀함은 파는 사람과 사는 사람 모두에게 이익이 되고 세상의 부족함을 메우고 부처님 마음에 부합하는 것"이라는 말에 있다고 본다. **자기 이익만 추구하는 것을 좋다고 하지 않고, 사회의 행복을 바라는 '삼방만족'의 정신은 현대의 CSR로 연결되는 것으로 이토추를 비롯하여 많은 기업에서 경영이념의 근간이 되고 있다.**

우사미: '이익삼분주의'에는 오미상인의 '세상'에 대한 이익환원이라는 생각이 강하게 표출되어 있습니다. 도매상인 오미상인의 손님은 소매상인이지만, 소매상인보다 이전 계층, 즉 **상품을 구입하는 그 지역 사람들의 생활이 안정되어 있지 않으면 장사가 오래 지속되지 못한다는 생각에서 상권**(상업권역) **사람들이 생활을 유지할 수 있도록 배려하고 있지요.**

고바야시: '이익삼분주의'는 회사와 사원, 주주 등의 자금제공자, 거래처나 사회와 가치를 서로 나누려는 현재 우리 회사의 경영방침과 일치합니다. 예를 들면 우리 회사가 '주식보장제도'를 통해 사원들이 경영에 참여하는 의식향상을 꾀하고 있는 점도 부합된다고 생각해요.

오미상인 연구의 1인자인 우사미 교수(시가대학)와 고바야시 후미히코[이토추상사 대표이사 겸 부사장집행역(CAO)]는 HP의 대담 중에서 '이익삼분주의'라는 표현을 사용해 오미상인의 '삼방만족'에 관해 위와 같이 표현하고 있다.

또 도리이 신지로를 창업자로 하는 산토리그룹의 가치관(정신)인 '일단 해봐라'도 '이익삼분주의'의 하나로 알려져 있다.

■ 이타 정신

'이타 정신'은 필자도 참가하고 있는 중소기업가동우회전국협의회에서도 자주 사용되는 말이다. 동우회는 2019년 창립 50주년을 맞이했으며 회원 수는 약 4만 5,500개 사, 47도도부현[8]에 지부가 있는 전국조직이다(2021년 4월 현재).

만약 일본 전국의 동우회 회원이 '지속가능한 조직 만들기와 SDGs·ESG경영'을 본격적으로 실행하면 개인적으로 그 파급효과는 매우 크다고 생각한다.

이러한 '이타 정신'은 19세기 프랑스의 사회학자이며 철학자이기도 한 오귀스트 콩트가 제창한 것이다. 이기주의(에고이즘/egoism)의 상대 개념으로서 '타인(other)'을 의미하는 라틴어 alter에서 만들어진 altruism에서 기인한다.

그 후 이 말이 일본에 들어왔을 때 불교 용어인 '자이이타(自利利

---

8   일본의 광역지방공공단체인 도(都), 도(道), 부(府), 현(縣)의 총칭. 현재는 47도도부현이 있는데, 그 내역은 1도(도쿄도), 1도(홋카이도), 2부(교토부, 오사카부), 43현(그 외 43개의 현)이다.

他)'[9]를 적용하여 '이타주의'로 표현되었다고 한다.

또 NHK에서 방영된 「긴급대담 팬데믹이 바꾸는 세계: 해외의 지성이 말하는 전망」(2020년 9월 17일)에서는 미지의 감염증에 의한 파괴적인 팬데믹의 위험성을 경고했던 프랑스의 경제학자·사상가·작가·정치고문으로 '지성의 거인'이라고 불리는 자크 아탈리(Jacques Attali)가 2009년 간행된 저서에서 '이타주의'를 다음과 같이 언급한(일부 저자 편집) 것이 매우 인상적이었다.

> 팬데믹으로 인해 연대규칙이 깨어질 위험성이 매우 높아졌다. 즉, '이기주의'다. 팬데믹이라는 심각한 위기에 직면한 지금이야말로 '다른 사람을 위해 산다'는 인간의 본질로 되돌아오지 않으면 안 된다. '협력'은 '경쟁'보다 가치가 있고, 인류는 하나라는 사실을 이해해야 한다.
> **'이타주의'는 '최선이고 합리적인 이기주의'다. 안전을 위해 최선을 다하고 세계적인 규모로 경제를 변혁할 수 있으면 틀림없이 이겨낼 수 있을 것이다.**
> '이타'적인 경제나 사회, 즉 '포지티브한 사회', '공감의 서비스' 방향으로 나아가기 위해 누구나 부모로서 소비자로서 근로자로서 자선가로서 그리고 한 사람의 시민으로서 투표할 때도 차세대의 이익이 되는 행동을 취할 수 있으면 그것이 바로 희망이 될 것이다(『위기와 서바이벌』, 作品社, 2014).

● 논어와 주판

'일본 자본주의의 아버지'로 불리는 시부사와 에이이치가 제창한 '도덕경제합일설'이나 '합본주의'를 본질적이고 상징적으로 나타내는 말로, 저서의 형태로 출판된 것이 『논어와 주판』이다.

---

[9] 스스로의 불도수행으로 얻은 공덕을 자신이 받음과 동시에 다른 사람의 구제를 위해 최선을 다하는 것

시부사와 에이이치는 2024년 상반기에 유통될 예정인 1만 엔짜리 새 지폐 인물로도 채택되어 있다. 1984년 쇼토쿠 태자에서 후쿠자와 유키치로 바뀐 후, 1만 엔짜리 지폐로는 실로 40년 만에 인물 변경이 이루어지는 셈이다. 이번 지폐 변경에서는 국적이나 연령, 장애 유무에 관계 없이 누구나 사용하기 편한 유니버설 디자인을 의식하여 액면 숫자를 크게 하고 손가락 감촉으로 지폐 종류를 알 수 있도록 되어 있는데, 이것이야말로 SDGs의 실천이기도 하다.

그런데 『논어와 주판』으로 화제를 돌리면, 시부사와 에이이치가 주창한 "도덕(공익)과 경제(이익)는 양립시킬 수 있다[인의도덕(仁義道德)[10]과 생산식리(生産殖利)[11]는 원래 함께 나아가야 할 것]"는 '도덕경제합일설'이 용어로 명확해진 것은 1910년경(시부사와가 고희를 맞이하여 실업계의 제일선에서 물러났을 무렵)이라고 한다.

SDGs에서도 자주 거론되는 마이클 포터(미 하버드대학 교수) 등이 2011년에 제창한 'CSV(공유가치의 창조, Creating Shared Value)'로도 통하는 사고방식을 실로 100년(실제로는 시부사와가 실업가가 된 33세부터 일관되게 추진해온 것을 생각하면 약 140년) 전에 몸소 실천한 셈이다.

일본 중소기업은 SDGs, CSR, CSV 같은 새로운 용어나 개념에 대비할 것이 아니라 선조들이 훌륭하게 구축해온 '삼방만족, 이타 정신, 논어와 주판'이라는 '모습'을 다시 자세하게 배우고 하나씩 소중히 함으로써 새로운 '과제 해결'과 '차세대의 이익'으로 살려갈 수 있을 것이다.

이것은 공자가 『논어』에서 "옛것을 익히고 그것으로 미루어 새로운 것을 깨달으면 사람을 가르치는 선생이 될 수 있다(온고지신)"는 것

10   사람으로서 지켜야 할 올바른 길
11   생산으로 이익을 늘린다는 의미

으로도 통한다고 생각한다.

● 탈: 음덕선사

'음덕선사'란 "사람들에게 알려지지 않도록 선행을 베푸는 것. 음덕은 이윽고 세상에 알려져 양덕으로 바뀌게 된다"는 의미와 함께 '자기과시나 보상을 기대하지 않는다'는 의미도 포함한다. 이 또한 '삼방만족'과 더불어 오미상인이 소중히 해온 가치관이다.

또 현재와 같은 SNS를 중심으로 하는 정보발신과 쌍방향형 사회에서는 '탈: 음덕선사(말하자면 양덕선사)'를 해서 공감을 불러일으켜 자기편을 늘리는 것이 중요하다.

일본에서의 '사회 과제'와 '키워드'로 보는 돈벌이 아이템

SDGs의 '17가지 목표(169개의 세부목표 포함)'의 관점에서 일본에서의 사회 과제와 관련되는 키워드로 범위를 좁혀 돈을 벌 힌트를 찾아보자. SDGs를 경영전략에 도입하는 참고로 활용하면 된다.

이 외에도 많은 과제와 가능성이 있다. 또 복수의 목표에 관련된 사회 과제와 키워드는 그 대표적인 목표에 기재되어 있다.

● 목표 1: 빈곤을 없애자/모든 장소의 모든 빈곤을 없앤다

사회 과제와 키워드

워킹 푸어, 상대적 빈곤율, 소득의 세대 간 격차 해소, 어린이식당의 지속적인 운영과 지원, 한부모가정과 취업빙하기 세대의 지원, 기업의 생산성과 노동분배율 향상, 기후변동·자연재해·역병 등에 의한 실업 리스크 등

● 목표 2: 기아를 제로 상태로/기아를 없애고 식량안전보장 및 영양개선을 실현하고 지속가능한 농업을 촉진한다

사회 과제와 키워드

국민건강 · 영양조사 결과(건강한 식습관으로 개선, 저영양 상태에 있는 사람의 개선 등), 세계적인 식량부족 · 단백질 위기에 대한 대응(콩 등의 대체육, 귀뚜라미파우더 등의 곤충식), 식량자급률과 생산성 향상(식물공장 · 아그리텍[12] 등), 1차 산업에서의 6차 산업화(고부가가치에 의한 생산성과 소득향상) 등

● 목표 3: 모든 사람에게 건강과 복지를/모든 사람들의 건강한 생활을 확보하고 복지를 촉진한다

사회 과제와 키워드

코로나19 등의 감염증 대책, 약물과 알코올 의존증 방지 · 치료, 교통사고로 인한 사상자 반감(자동운전기술 · 충돌피해경감 브레이크 등), 의사 · 간호 · 돌봄 인재 부족 해소, 성인병이나 치매 예방과 대책, 기업의 멘탈헬스와 건강경영의 실행 증진, 초고령화 사회에 따른 영향(수명과 건강수명의 차이, 사회보장비 증대) 등

---

[12] 농업(Agriculture)과 테크놀로지(Technology)를 합한 조어. IoT나 빅데이터, 드론을 사용하는 등 농업영역에서 ICT기술을 활용하는 것을 아그리텍(AgriTech)이라고 부른다.

목표 4: 양질의 교육을 모두에게/모든 사람에게 포괄적이고 공정한 양질의 교육을 확보하고 평생학습의 기회를 촉진한다

사회 과제와 키워드

교육격차의 시정(세대 수입과 학력의 관계성, 지역에서의 대학 진학률 차이), 청소년 가장(가족 간병과 케어, 돌봄을 하고 있는 18세 미만의 아동) 문제의 해소와 지원, 직업훈련과 기술력교육 등의 확충, ESD(지속가능한 개발을 위한 교육)와 STEAM교육의 충실, 등교 거부와 왕따 문제에 대한 대응, 발달장애[자폐증, 아스퍼거 증후군 그 외의 전반적 발달장애(PDD), 학습장애, ADHD 등]에 대한 이해와 대응, 직업인과 기업에서의 재교육(사회인의 재교육) 확충과 100세 시대의 인생에 대한 대응 등

목표 5: 젠더평등을 실현하자/젠더평등을 달성하여 모든 여성 및 여아의 능력을 강화한다

사회 과제와 키워드

정치 · 경제 · 공공 분야에서의 여성 활약과 여성 리더의 육성, 여성활약추진기업의 'L마크 인정', 일과 육아의 양립(M자 커브의 개선), 남성의 가사 · 육아에 대한 참여의식 향상, 육아서포트기업의 '구루민 인정',[13] 이쿠보스[14]선언(자기 조직의 워라밸을 유지하면서 종업원이 안심하고 육아할 수 있는 환경을 만드는 것), LGBTQ(성적 마이너리티)와 GID(성동일성장애)에 대한 이해 및 편견과 차별 해소 등

---

13 구루민 마크, 구루민 인증 마크, 차세대 인증 마크, 차세대육성지원 인정 마크 등으로 불리는 것의 애칭

14 육아와 보스를 합친 말로, 부하직원의 육아와 일의 양립을 서포트하는 상사를 말한다.

목표 6: 안전한 물과 화장실을 전 세계로/모든 사람을 위한 물과 위생의 이용가능성과 지속가능한 관리를 확보한다

사회 과제와 키워드

지구온난화(아열대화)에 따른 물의 순환 사이클 변화와 수자원 고갈, 대형 태풍 · 게릴라성 호우 · 선상 강수대[15] 등에 대한 치수력 강화 등 수도 보급률(약 98%)에 대한 하수도 보급률(약 80%)의 차이, 곡물과 육류 수입에 기대는 가상수(Virtual Water: 생육에 필요한 수자원)의 과제 등

> 주: 일본의 물 스트레스(물 수급의 핍박 정도) 평균 점수는 3.1로 WRI(세계자원연구소: World Resources Institute) 지표에서 고위험군으로 분류된다. 일본의 연평균강수량은 세계평균의 약 2배이지만, 식량자급률은 칼로리 베이스로 약 40%이므로 결과적으로 해외의 물에 의존하고 있다고 할 수 있다.

목표 7: 에너지를 모두에게 그리고 깨끗하게/모든 사람이 신뢰할 수 있는 저렴하고 지속가능한 근대적 에너지에 대한 접근을 확보한다

사회 과제와 키워드

재생가능에너지[태양광 · 풍력 · 수력 · 지열 · 바이오매스(생물량) 같은 지구자원의 일부 등 자연계에 상존하는 에너지]에 의한 발전효율 향상과 변환 촉진, 환경부하가 낮은 화석연료 기술 같은 클린에너지 연구와 기술 활용, 스마트 그리드(차세대 송전망) 구축, 에너 팜[16]과 축전지 추진, ZEH(net Zero

---

15 연달아 발생하는 적란운이 열을 지어 같은 장소를 통과하거나 정체하는 것으로 선상으로 뻗은 지역에 큰비를 내리는 것

16 가정에서 전기를 만들고 온수도 동시에 만들어내는 가정용 연료전지. '에너지'와 '팜

Energy House)[17] · ZEB(net Zero Energy Building),[18] '생 에너지',[19] '창 에너지',[20] '축 에너지'[21] 등

● 목표 8: 일하는 보람도 경제성장도/포괄적이고 지속가능한 경제성장 및 모든 사람의 완전하고 생산적인 고용과 일하는 보람이 있는 인간다운 고용(Decent Work)을 촉진한다

사회 과제와 키워드

종업원의 상황에 맞는 유연한 근로 방법(원격근무나 1시간 단위의 유급 취득, 주 4일 근무 정사원 등)을 위한 시스템 만들기, 돌보미의 이직 방지를 위한 방안지원과 '도모닌'[22]등록제도, 동일근로 동일임금(정규와 비정규 고용의 임금 격차나 근로조건의 시정 등), '일하기 편함×일하는 보람'의 양립, 커리어 자율지원, 장애인의 고용촉진과 소득향상, 이직자와 구직자훈

(농장)'을 조합하여 붙인 이름

17 '에너지수지를 제로 이하로 하는 집'이라는 의미. 즉, 가정에서 사용하는 에너지와 태양광발전 등으로 만드는 에너지에 균형을 맞추어 1년에 소비하는 에너지량을 실질적으로 제로 이하로 하는 집이라는 의미

18 쾌적한 실내 환경을 실현하면서 건물에서 소비하는 연간 1차 에너지 수지를 제로로 하는 것을 지향한 건물

19 '생략'과 '에너지'의 합성어로, 석유나 석탄, 천연가스 등 유한한 에너지자원이 없어지는 것을 막기 위해 에너지를 효율적으로 사용하는 것

20 '창조'와 '에너지'의 합성어로, 자치단체나 기업, 일반주택이 스스로 의식적으로 에너지를 만들어내려는 사고방식

21 에너지를 축적해두고 필요에 따라 꺼내어 이용할 수 있도록 하는 사고방식. '축적에너지'의 줄인 말인데, 축전지는 그 대표적인 수단으로서 가정용 축전지의 개발과 상품화가 활발하게 추진되고 있다.

22 일과 돌봄의 양립을 촉진하는 기업이 붙인 심벌마크의 애칭

련의 충실, 이주근로자(특히 여성 이주근로자)의 권리보호, 모든 근로자의 안전하고 안심되는 직장 환경 만들기, 고용창출과 문화진흥으로 연결되는 지속가능한 관광업 등

목표 9: 산업과 기술혁신의 기반을 만들자/강력한 인프라 구축, 포괄적이고 지속가능한 산업화 촉진 및 이노베이션 추진을 꾀한다

사회 과제와 키워드

전기 · 가스 · 수도 · 통신 · 교통 등을 포함하는 인프라의 기반 강화로 경제발전과 복지 충실, ICT(정보통신기술) 활용에 따른 의료의 질 향상과 효율화 실현(본토에서 떨어져 있는 섬 지역에서의 원격의료 가능성 등), 5G(5세대 이동통신시스템)의 '고속대용량 · 저지연 · 다수 동시 접속'에 의한 IoT(Internet of Things: 사물인터넷) 실현, 스마트하우스와 스마트농업 등, AI(인공지능)와 로봇공학을 활용한 비즈니스 구축 등

목표 10: 사람과 국가의 불평등을 없애자/각국 내 및 각 국가 간의 불평등을 시정한다

사회 과제와 키워드

누구나(연령 · 성별 · 장애 · 인종 · 민족 · 출신 · 종교 · 경제적 지위 등에 관계없이) 사회적 · 경제적 · 정치적 참여와 향유가 가능한 사회 실현, 서플라이체인에서의 강제노동 근절과 아동노동 금지, 공정 · 공평한 거래(공정무역/개발도상국의 원료와 제품을 적정가격으로 계속 구입함으로써 개발도상국의 생산자나 근로자의 생활개선과 자립을 지향하는 운동)

● 목표 11: 지속가능한 도시 만들기를/포괄적이고 안전하며 강력하고도 지속가능한 도시 및 인간거주를 실현한다

사회 과제와 키워드

여성·아동·장애인·고령자 등 취약계층의 사람들이 안심·안전·염가로 이용할 수 있는 공공교통기관(예를 들면 시내순환버스나 예약형 승합택시 등)이나 공공의료 확충, 대형 태풍·게릴라성 호우·선상 강수대 등에 의한 홍수나 토사재해 및 지진 발생 시 피해 최소화와 복구 지원, 피난소에서의 프라이버시 보호(골판지 칸막이나 재해피난용 텐트 등), 쇼핑난민·쇼핑약자에 대한 대책·지원(이동슈퍼나 인터넷 슈퍼, 자택으로의 배달서비스 등), 공원이나 녹지 같은 공공공간의 확보와 지역 내 네트워크 확립, 세계문화유산 및 자연유산 보호·보전, 도시부와 도시주변부·농촌부와의 격차 개선 등

> 주: 2014년 '일본창성회의'(마스다 히로야 전 총무대신 등 민간유식자로 결성)가 발표한 자료에 의하면, 2040년까지 일본 전국 1,799개 지자체 중 약 절반인 896개 지자체가 인구가 줄어들어 존속하지 못하게 되는 '소멸가능도시'(20~39세의 젊은 여성인구가 50% 이하로 감소할 것으로 예상되는 도시)가 될 것으로 보고 있다.

● 목표 12: 만드는 책임, 사용하는 책임/지속가능한 생산소비 형태를 확보한다

사회 과제와 키워드

생산·유통·소매·소비 전반에 걸친 식품 로스의 경감, 3R

(Reduce · Reuse · Recycle) 운동 추진, 공정무역과 지역생산 · 지역소비, 유기농법 등과 같은 윤리적 소비에 대한 계몽활동, 패션업계 등에서의 대량생산 · 대량소비 · 대량폐기나 개발도상국에서의 생산에 관한 노동문제 등

■ 목표 13: 기후변동에 구체적인 대책을/기후변동 및 그 영향을 경감하기 위한 긴급대책을 강구한다

사회 과제와 키워드

탈탄소사회(지구온난화의 원인이 되는 온실효과가스의 실질적인 배출량 제로를 실현하는 사회)의 실현, 온실효과가스(CO_2 · 메탄가스 · 일산화이질소 · 프레온가스) 억제, 카본 뉴트럴(탄소중립: 생산 활동 같은 인위적인 활동을 했을 때 배출되는 CO_2 양과 흡수되는 CO_2가 같은 양인 것), RE100(Renewable Energy 100%/대기업이 많다) 가입, 재생에너지100선언 Reaction(기업, 지자체, 교육기관, 의료기관 등의 단체가 사용전력을 100% 재생가능에너지로 전환할 의사와 행동을 보이고, 재생에너지 100% 이용을 촉진하는 새로운 프레임) 참가, 동종업종 타사에 의한 공동배송, 식물 유래의 식재료 이용(소의 트림에는 메탄가스 포함), 서류의 전자화(복사 용지 1장당 5g의 CO_2 경감), 전기자동차(EV자동차)나 연료전지자동차(FCV), 수소엔진차 보급 등

주: 일본 환경성의 'COOL CHOICE'에서는 '5성 가전 교체 캠페인',[23] '택배 물건 가능하면 한 번에 수령하지 않겠습니까 캠페인' 등을 전개하고 있다.

---

23 '가전제품 등에 붙어 있는 통일성 에너지 라벨의 별 개수가 많은 제품으로의 교체'를 호소하는 활동

■ 목표 14: 풍부한 해양자원을 지키자/지속가능한 개발을 위해 해양·해양자원을 보전하고 지속가능한 형태로 이용한다

사회 과제와 키워드

해양 플라스틱 문제에 대한 대응, 마이크로플라스틱(직경 5mm 이하의 작은 플라스틱 입자 혹은 플라스틱 조각)에 의한 인체나 생물의 영향, 플라스틱 프리(탈플라스틱) 상품개발과 생활양식 추진, '플라스틱자원순환촉진법안'(2022년 4월 시행)에서의 감축대상은 편의점과 슈퍼에서 주는 스푼이나 빨대, 머들러, 호텔이 제공하는 빗과 칫솔 등 12품목, 과잉어업이나 위법·무보고·무규제(IUU)어업 및 파괴적인 어업에 대한 대응, 천연수산물에 대한 MSC(Marine Stewardship Council: 해양관리협의회)인증제도 '바다의 에코라벨', 양식수산물에 대한 ASC(Aquaculture Stewardship Council: 수산양식관리협의회)인증제도, 블루 시푸드 가이드(지속가능한 수산물의 우선적 소비) 등

■ 목표 15: 육상 생태계도 지키자/육상 생태계의 보호, 회복, 지속가능한 이용 추진, 지속가능한 삼림경영, 사막화에 대한 대처 그리고 토지열화[24]의 저지·회복 및 생물다양성의 손실을 저지한다

사회 과제와 키워드

임업 종사자 감소 및 고령화에 대한 개선(임업에서의 고부가가치 창출, 임업 종사자의 소득향상 등), 사토야마[25]의 적절한 유지·관리에 의한 생물

24   토지이용 변화에 따라 토지가 가진 생태계 기능과 생산력이 장기적으로 사라지는 것
25   부락이나 민가에 인접한 결과 사람의 영향을 받은 생태계가 존재하는 산을 말하는데 '깊은 산(심산)'의 반대어

다양성·온실가스 효과 감축·수원 확보·풍수해 방지·관광자원화 등 'FSC인증(책임 있는 삼림관리마크/삼림관리협의회)'을 받은 종이나 목재 사용, '레인포레스트 얼라이언스(Rainforest Alliance) 인증'(생물다양성 보호, 지구와 미래세대를 위한 자원보전, 근로자와 그 가족이나 지역사람들이 소중히 여기는 것에 노력하는 농원에 대한 인증)을 받은 커피·홍차·초콜릿 등의 구입, 국산 목재에 의한 CLT(Cross Laminated Timber: 직교집성판)를 활용한 중고층 건축물 등의 목조화에 따른 새로운 목재 수요의 창출 등

> 주: CLT의 장점으로는 '시공이 빠르다', '콘크리트보다 가볍다', '단열성이 높다' 등이 있다.

● 목표 16: 평화와 공정을 모든 사람에게/지속가능한 개발을 위한 평화로 포괄적인 사회를 촉진하고, 모든 사람에게 사법권 이용을 제공하며, 모든 레벨에서 효과적으로 설명할 책임이 있는 포괄적 제도를 구축한다

사회 과제와 키워드

연령·성별·장애 유무·인종·민족 등에 의한 차별과 편견방지, 각종 인권침해, DV(배우자나 파트너의 폭력)나 아동학대 등의 포괄적 및 지역 전체적인 대책, 행정기관과 기업에서의 부정·독직·위법행위 방지, 무호적(출생신고서 미제출) 대응 등

■ **목표 17: 파트너십으로 목표를 달성하자/지속가능한 개발을 위한 수단을 강화하고 글로벌 파트너십을 활성화한다**

사회 과제와 키워드

목표 1~16에서 거론된 사회 과제를 해결하기 위한 체제 만들기에 관한 내용이다. UN · 국가 · 지역 · 기업 · 교육기관 · NGO · NPO · 시민 등 다양한 사람이 입장이나 지역을 초월해 협력하고 파트너십을 맺는 것의 중요성과 가능성이 정의되어 있다.

'호접란'으로 복지업계에
흑자화 선풍을 불러일으키다
'AlonAlon' 사례

　현재 복지업계에서 '호접란'을 중심으로 한 획기적인 비즈니스모델로 선풍을 불러일으키고 있는 것이 NPO법인 AlonAlon(본부: 지바현 이즈미시, 이사장: 나베 사토시)이다.

　나베 이사장은 매출 400억 엔(약 3,952억 원)이 넘는 IT기업을 창업한 실업가였지만 장남이 장애를 갖고 태어난 것이 계기가 되어 일본에서 장애인을 둘러싼 환경, 특히 보육·교육·취업·자립지원 양상에 의문을 가지고 스스로 해결하기 위해 뛰어들었다.

　2018년도 일본 후생노동성 조사에 의하면, 취업계속지원B형사업소의 평균 월 공임은 16,118엔이고 시급으로 환산하면 214엔이라고 한다. 거기에 장애인연금 약 9만 엔을 더해도 월수입은 고작 10만 엔 정도다. 또 일반취업으로의 이행률은 2008년부터 8년간 1.0~1.5% 사이에서 움직이고 있다(사회복지시설 등 조사, 국민건강보험단체연합회 자료에서).

　이에 대해 같은 법인에서의 최고 공임은 월 10만 엔. 일반취업으로의 이행률은 2020년도에 100%(4명 입소, 1년 이내 전원 취직)를 달성했는데, 거기에는 다음과 같은 '비즈니스모델'(버터플라이 서포터제도 등)이 있다.

① 호접란을 구입하기(선물하기) 반년 전에 1만 엔에 구입한다(기부한다).

② AlonAlon이 1만 엔의 기부를 밑천으로 1,000엔×10주의 호접란 모종을 매입한다.

③ 농원에서 10주의 호접란을 키움과 동시에 장애인을 호접란 장인으로 육성한다.

④ 1만 엔 상당(1주)의 호접란을 본인 혹은 소중한 사람에게 보낸다.

⑤ 남은 9만 엔 상당(9주 분)은 기업 등에 판매한다. 매출은 공임에 반영된다.

⑥ 장인이 되면 호접란을 많이 구입하는 기업에 일반취업을 하고 농원에서 계속해서 근무할 수 있다.

⑦ 기업은 장애인 법정 고용률을 달성하고 호접란의 경비도 줄일 수 있다.

POINT ⋯ 저자의 생각

지바현 훗츠시의 농원을 방문했을 때 나베 이사장을 통해 장애인이라도 일해서 '흑자'를 달성하는 것이 '자부심'으로 이어진다는 강한 의지를 느꼈다. 2021년 여름부터는 호접란에 더해 망고 재배도 시작하여 다음의 한 수를 던지고 있다. 2022년 4월에는 지바현 기사라즈시에 '누구나 들어갈 수 있는' 소규모의 인가보육원을 개원할 예정이다.

홋카이도에 살면서
'전국'으로 비즈니스를 전개하다
'킷어라이브' 사례

사업에서는 '고객 개발'과 '인재 채용'이 중요한 포인트다. 비즈니스모델의 6W3H(122p)에서 말하는 Where(어디에 주력할 것인가: 대상이 되는 시장/전개할 거점 — 인재확보)에 해당한다.

IT업계의 과제였던 '도쿄에만 집중', '도쿄에 가지 않으면 좋은 일자리가 없다, 레벨업할 경험을 쌓을 수 없다'는 상황을 타파하기 위해 2016년 10월 창업한 주식회사 킷어라이브(Kitalive)[본사: 홋카이도 삿포로시, 대표이사: 가야 유다이]는 홋카이도에 거점을 두고 '홋카이도를 매우 좋아한다', '홋카이도에 인연과 연고가 있다', '홋카이도에 계속 살고 싶다'는 종업원들과 함께 전국 고객에게 판매조직(salesforce)을 기반으로 한 클라우드 시스템 개발(컨설팅 포함)을 원격으로 제공하고 고객의 업무개혁을 지원하고 있다.

1990년대 홋카이도판 실리콘밸리인 '삿포로밸리'라고 불리며 정보통신산업의 스타트업기업이 집결되면서 엔지니어가 취업하기 쉬운 환경이어서 2016년 창업 때의 종업원 수 14명에서 2022년 1월 현재 43명으로 착실하게 사업이 확대되고 있다.

또 IT업계 전체에서 여성 비율은 20% 정도라고 하는데, 30세 여성 임원이 있는 등 '여성 활약'에도 힘을 쏟고 있다. 가야 사장은 "2020

년 1월의 여성 임원 취임은 실력 면에서도 적절하여 사내에서 딱히 놀라움은 없었다. 회사의 미래를 신중하게 생각하고 비즈니스를 만들어내는 사람이 임원이 되어야 하고 거기에는 당연히 남녀 차이는 없다"고 언급한다.

이러한 시스템은 2019년 삿포로시 여성 활약을 위한 근로방법개혁 서포트 사업 책자 『여성 활약 추진! 일손 부족 해소/업적 향상: 내일부터 당신의 회사를 바꾸는 10가지 돌파구』(2020년 3월 발행)에도 사례가 소개되어 있다.

POINT ··· 저자의 생각

이 회사가 SDGs를 경영에 적극적으로 도입한 것은 2019년 4월 '북양 SDGs추진펀드'로부터 SDGs의 콘셉트에 부합하는 도내 중소기업의 11번째 회사로 출자를 받은 것이 계기가 되었다.

그 후 아침에 회사로 출근해 귀가하기까지 플라스틱 쓰레기를 전혀 발생시키지 않으면 1포인트(1포인트를 500엔으로 환산)를 부여하고, 사내나 거래처의 회의 비용으로 충당할 수 있는 'NPP(No Plastic Point)제도'를 도입했다. 종업원의 일상 업무에서 SDGs를 의식하게 하고 매일의 일보로 돌아볼 기회를 만드는 훌륭한 시도라고 할 수 있다.

'탈하청×사원목수'로 100년이 지속되는 인재·집·도시 만들기
'목조주문주택전문점 다니구치공무점' 사례

내가 어릴 때 동경했던 직업 중의 하나가 '목수'다. 당시 야마구치현에 살았고 초등학교 4학년 때까지 시모노세키시립 도요라초등학교(2022년 창립 150주년)에 다니고 있었다. 고풍스러운 집들이 들어서 있는 가운데 신축가옥의 상량식(떡 뿌리기)에 친구와 함께 가서 집주인과 친족의 웃는 얼굴과 비교하며 조용히 서 있는 '동량'의 모습에 '목수는 멋있는 직업이구나' 하고 느꼈다. 그런 목수도 1985년의 약 80만 명을 정점으로 감소 일변도를 걸어 2030년에는 약 21만 명까지 줄어들 것이라고 한다(2018년 6월, 노무라종합연구소).

이는 '대가족에서 핵가족으로', '일본식에서 서양식으로', '목조에서 철근으로' 같은 시대의 흐름에 따라 주택이 '동량(기술)에 의지하는' 데서 '제조회사의 공업제품을 구입하는' 것으로 변화했다고도 생각할 수 있고, 목수가 하청을 받아 일하는 입장이 된 것과도 관계가 있다. 이런 상황을 바꾸기 위해 오미상인의 본거지인 시가현에서 '지역밀착으로 공감공창(共感共創)'[26]하면서 건축업계의 새로운 비즈니스모델로 다양한 사회 과제를 해결하고 있는 것이 주식회사 목조주문주택전문점 다니구

26 '함께 느끼고 함께 만들어낸다(Co-Creation)'는 의미

치공무점 (본사: 시가현 가모군, 대표이사: 다니구치 히로카즈)이다.

이 회사는 2002년부터 '탈하청'을 내걸고 매진하고 있다. 현재는 매출 약 25억 엔, 사원 수 약 100명까지로 성장했다. 신규졸업생 모집에서는 전국에서 1,000명 이상의 대학생이 이 회사에 관심을 보였다.

이 회사의 장점은 간사이(関西)[27] 제일의 '사원목수'(약 50명)와 영업도 겸하는 '설계사'(약 25명) 같은 인재 육성이다. 여기서 내가 느낀 '세 가지 100'[100년을 살 수 있는 집 만들기, 사원목수 100%, 내각총리대신상을 수상한 이토임산(伊藤林産)[28]의 도노히노키[29] 100% 사용]을 고집하면서 고객과의 오랜 신뢰관계, 그리고 기업과 업계의 지속가능성을 실현하고 있다.

POINT ··· 저자의 생각

100년이 지속되는 '인재 만들기, 집 만들기, 도시 만들기'의 상징이라고도 할 수 있는 것이 오츠시에서 진행되는 지역 활성화 프로젝트 'HOTEL Ko Otsu-Hyakucho'다. 오츠상가 안의 노후화된 7개 동을 수리하여 2018년 4월에 개업했다. 이 건물은 호텔 기능뿐만 아니라 덴마크 가구를 체험할 수 있는 일본 최대의 전시장, 고민가 재생 모델하우스 기능도 겸하고 있다. 그리고 목수가 도시를 다시 살렸다는 자부심도 높다.

---

27   일본의 지역을 나타내는 말로, 여기에 포함되는 부현(府県)은 협의로는 오사카부 · 교토부 · 효고현 · 나라현 · 와카야마현의 2부 3현, 광의로는 시가현을 포함한 2부 4현을 말한다.

28   일본식 목조주택전문회사

29   기후현 도노(東濃) 지방에서 생산되는 명품 히노키(노송나무)로, 건축이나 가구 업계에서 최고급 건축자재로 널리 알려져 있다.

'시골'과 '도시'의 상호지원으로
사람과 지역의 힘을 최대한 발휘
'이나카파이프' 사례

일본에서 맑은 물이 흐르는 마지막 유역으로 불리는 시만토가와(四万十川)[30] 중류 지역에 위치하는 시만토 마을에 일반사단법인 이나카파이프(메인 사무소: 고치현 다카오카군, 대표이사: 사사쿠라 레오)가 있다.

사사쿠라와의 만남은 나하시 NPO활동지원센터(나하시 문화 덴부스관)에 입주해 있던 2001년 당시(볼런티어 국제년[31])로 거슬러 올라간다.

그는 고등학교를 졸업한 후 류큐대학 농학부에 입학하여 농지정비사업과 공공사업(마을 만들기 · 도시 만들기 · 상가 활성화) 등 수많은 활성화사업에 관여하고 다양한 사례연구를 추진하고 있었다. 그런 활동을 하는 가운데 행정 · 민간 · 대학 · 주민 등이 '혼연일체가 되는 것'이야말로 사업 성공의 중요한 포인트(지역에서의 사회 과제 해결 포인트)라는 것을 알았다.

파이프(가교) 역할에 눈을 떠 민간 활동(학생단체 · 지역 활성화 협력대나 NPO법인 마치나카연구소 와쿠와쿠)을 시작한 바로 그 무렵이었다.

그 후 2010년 고치현으로 돌아와 일반사단법인 이나카파이프를

---

30 고치현 서부에 있는 전장 196km의 하천
31 UN이 정한 국제년(国際年)의 하나. 자원봉사활동에 대한 이해를 깊이 있게 하고 참가 촉진을 목적으로 한다. 영어로는 International Year of Volunteers.

설립했다. 나하의 상가와 시만토 부락 모두 '후계자 부족'과 '인구감소에 따른 공동화', '지역 커뮤니티의 희박화'라는 공통의 문제를 갖고 있었고, 대학 시절부터 키워온 노하우를 활용해 지역의 사회 과제를 해결하기 위해 크게 세 가지 '파이프 역할' 사업을 전개한다.

구체적인 사업내용으로는 '시골 인턴십 사업(살고 싶다!의 파이프 역할)', '시골 매칭 사업(일하고 싶다!의 파이프 역할)', '시골 사람을 대상으로 한 펀드사업(응원하고 싶다!의 파이프 역할)'의 세 가지다.

예를 들면 지금까지 '시골 인턴십 사업(한 달)'에서는 300명 이상의 젊은이를 받아들여 그중 30명 이상이 정착하는 실적을 냈다.

POINT ··· 저자의 생각

현역 세대의 이주(이사와 전직)에서는 '가치관의 불일치', '강점의 불이해', '정보의 불투명함' 등에서 '불안감과 불신감'이 증대하고, 이주자도 지역기업도 '발휘할 수 있는 힘'을 살리지 못하고 실패한다는 '과제'가 많이 보였다.

그래서 지역밀착형 '파이프(가교) 역할'이 들어가 '상호지원으로 사람과 지역의 힘을 발휘하게 한다'는 비즈니스모델은 단순히 일본뿐만 아니라 전 세계의 '시골'을 건강하게 할 가능성을 내포하고 있다.

'노무고문'에서
'채용·정착·육성의 파트너'로
'Office SUGIYAMA그룹' 사례

시대가 변화하는 가운데 '비즈니스모델의 변혁'을 강요받고 있는 업종·업계로는 변호사·중소기업진단사·사법서사·사회보험노무사·공인회계사·변리사·세무사·행정서사 등의 '사업'('사무라이업'이라고도 한다)이 거론된다.

2015년 지표이기 때문에 2022년 현재의 정보정확도는 별개로 하더라도 'AI나 로봇에 의한 대체 가능성이 높은 직업'(옥스퍼드대학과 노무라종합연구소의 공동연구)은 그 직업에 종사하는 사람들에게 커다란 충격을 주었다. 연구보고서의 큰 주제는 '일본 노동인구의 약 49%가 기술적으로는 인공지능 등으로 대체 가능'과 '창조성과 협조성이 필요한 업무나 비정형 업무는 미래에도 사람이 맡는다'는 두 가지 형태로 되어 있었다.

이런 상황에서 Office SUGIYAMA그룹(본사: 미야자키현 미야자키시) 소장인 스기야마 아키히로는 AI나 로봇으로 대체되지 않는 인재를 만들기 위해 독자적인 시도를 하고 있다.

2022년 1월 현재 우리가 주최하는 '직장의 기초대사 개선 퍼실리테이트'와 '직장의 SDGs 추진 컨설턴트'의 동료는 일본 전국에서 150명이 넘는다. 이 두 가지 양성강좌를 처음으로 수강하고 자격을 취득한 사람은 다름 아닌 특정사회보험노무사이자 행정서사이기도 한 스기야마다.

사무소의 슬로건이 '양질의 서비스를 통해 기분이 좋아진 사장과 가슴이 두근거리는 사원의 싱글벙글하는 회사(행복 회사)를 미야자키 발신으로 일본 전국에 가득 채우자'에 있듯이 기업의 노무관리에 관련된 '급여계산 · 행정절차 · 조성금 신청지원 · 상담원조 등'을 기본으로 기업의 전략인사 부문인 '경영이념을 기반으로 한 전략적인 인재채용 · 정착 · 육성컨설팅'에 중점을 두고 있다.

앞으로 그 핵심을 이루는 것이 'SDGs', '채용정착', '건강경영'의 세 가지인데, 이 회사에서 이미 현장검증이 끝났다는 것이 최대의 강점이다.

POINT … 저자의 생각

Office SUGIYAMA그룹의 이상적인 인물상과 채용기준의 하나에는 '금연자일 것'이라는 표현이 명기되어 있다.

통상업무에서도 '건강경영[=불(不)의 해소로 생산성 향상]'에 관한 환경 · 체제를 갖추고 종업원 '스스로 실천하는 것'이라는 의식을 갖고 있다. 이 사무소는 '건강경영 우량법인 중소규모 브라이트500[32] 인정(건강경영 우량법인2021)'도 취득했다.

---

32 브라이트500이란 '건강경영우량법인인증제도'에서 중소규모 법인 부문 중 상위 500개 기업에 부여되는 칭호다. 이 제도는 건강경영에서 우량한 사업정책을 실천하고 있는 법인을 표창하는 것으로 기업규모에 따라 '대규모 법인 부문(화이트500 포함)'과 '중소규모 법인 부문(브라이트500 포함)'으로 나누어져 있다.

'전문교육기관'에서
'업계지원기관'으로의 변혁을
'도쿄YMCA국제호텔전문학교' 사례

'국토의 장기전망' 중간정리 개요(2011년 2월 21일 발표, 국토심의회 정책부회 장기전망위원회) 자료에서는 "일본의 총인구는 2004년을 정점으로 앞으로 100년 동안 100년 전(메이지 시대 후반) 수준으로 되돌아간다. 이 변화는 천년 단위로 보아도 유례를 찾을 수 없는 매우 급격한 감소"라는 기술이 있다.

이것을 구체적인 인구수로 보면, 100년 전인 1900년에는 약 4,300만 명이던 인구가 2000년에는 약 1억 2,680만 명, 또 100년 후인 2100년에는 약 6,400~4,600만 명으로 예상되는데, 단적으로 말하면 100년 만에 인구가 3배가 되고 그다음 100년 만에 3분의 1이 된다는 계산이다.

바야흐로 일본의 많은 기업에서는 '저출산·고령화'나 '인구감소' 같은 커다란 과제는 비즈니스모델을 근본부터 바꾸지 않으면 안 되는 요인으로 받아들여지고 있다. 특히 유유아(乳幼兒)에서 학생 같은 젊은 세대를 주된 고객으로 하고 있는 교육기관에서는 더욱 현저하다.

게다가 코로나19라는 새로운 과제에도 대응하기 위해 비즈니스모델을 크게 '변혁'(전문 교육기관에서 업계지원기관으로)시키려고 하는 것이 도쿄 YMCA국제호텔전문학교(본부: 도쿄도 신주쿠구, 교장: 오바타 다카히로)다.

이 학교는 심대한 피해를 초래한 관동대지진(1923)의 폐허 속에서 눈부신 부흥의 심벌로 거론되었으며, 도쿄도의 제12회(1940) 올림픽 유치구상 및 외국인 손님을 응대할 인재육성을 목적으로 1935년 4월 15일 설립되었다.

2022년 현재 창립 87주년을 맞이하는 오랜 역사 속에서 1만 2천 명이 넘는 졸업생을 배출하고 일본호텔업계에서 '초석'을 쌓아올렸을 뿐만 아니라 전 세계 호텔에 우수한 인재를 공급해온 이 학교도 코로나19 감염 확대의 영향은 매우 컸다.

예년 같으면 5~8월에 호텔이나 여관으로 기업실습을 가야 할 2학년(약 120명)이 실습도 가지 못하고 자택에 대기하는 상태가 되었다. 게다가 학생들이 취업을 희망하던 호텔 등에서 올해 '채용 계획은 없다'는 초유의 사태가 벌어졌으며, 그 상황을 타개하기 위해 오바타 교장을 포함한 교직원 전원이 협의하고 있었는데 그때 여러 호텔에서 우리에게 연락이 왔다.

처음 의뢰는 코로나로 영향을 받고 있는 학생의 '불(不)의 해소'를 목적으로 한 '직장의 기초대사 방법(실력 발휘 매니지먼트 카드)', 그리고 장래 전망이나 시야를 넓히기 위한 'SDGs' 연수였다. 오바타 교장과는 20년 가까이 심도 있는 교류를 해왔고 허심탄회한 논의도 여러 번 있었다.

그 결과 단순히 '학생을 위한 SDGs 연수를 하는' 것이 아니라 학교의 창립 100주년이 되는 2035년을 향해 앞으로의 경영전략 축으로서 SDGs·ESG를 도입하고 전교생이 한 몸이 되어 노력하게 되었다. 기본 설계의 결정사항은 2학년이 중요한 역할을 맡기로(연수를 통해 함께 생각하고 실천하기로) 하고, 2021년 6~7월에 온라인과 현장에서 총 6회의 연수를 실시했다.

그 후에도 교직원과 학생이 한마음이 되어 '공동창조(Co-Creation)'를 하고 졸업생과 보호자의 '공감'도 얻으면서 시행착오를 거듭한 끝에 2022 년 1월 분위기가 무르익어 명문화된 것이 그림 4.1의 '도쿄YMCA국제 호텔전문학교SDGs선언'이다.

또 오바타 교장은 2021년 10월에 실시한 '직장의 기초대사 개선 퍼실리테이트'와 '직장의 SDGs 추진 컨설턴트'의 상호지원회에서 다음과 같이 언급했다.

> "시라이에게는 학생을 위한 3일간의 단기 집중강좌를 신청했는데, 웬일인지 '미래 세대에게 사랑받는 회사: 지속가능한 조직 만들기와 SDGs·ESG경영'을 제안받고, 도쿄YMCA국제호텔전문학교의 2030년을 위한 미래전략 이야기에….
>
> 코로나로 인해 눈앞의 일에만 너무 집착했던 자세를 아무렇지도 않은 듯 그리고 강하게 교정해주었다.
>
> 이번에 기업실습을 가지 못한 약 120명의 학생과 교직원이 한마음이 되어 앞으로 우리 학교(모교)의 모습(미래전략)을 SDGs 관점에서 집중적으로 공부하면서 논의를 거듭했다.
>
> 그 결과 학생이 주체가 되어 적극적으로 움직임으로써 교직원에게도 불이 붙었다. 최근 3개월은 정말로 우리 학교가 '전문교육기관'에서 '업계지원기관'으로 비즈니스모델을 크게 바꾸는 계기가 되었다."

POINT … 저자의 생각

2021년 9월에는 학내 자동판매기의 음료수를 전부 '지속가능한 페트병 음료'나 '캔 음료'로 변경했다. 또 교우회(졸업생 모임)로부터 펀드를 받아 Water Server(생수기)를 설치했는데, 미래의 재학생을 위해 매번 모금해서 물을 마시는 형식으로 바뀌었다. 그 외 2022년 4월에 입학하는 1학년부터 필수과목 'SDGs 이해강좌'를 개설하는 등 조금씩 그리고 분명하게 일본 호텔·여관업계의 SDGs 추진을 리드하는 존재로 되어가는 모습이 그려진다.

그림 4.1 도쿄YMCA국제호텔전문학교 'SDGs선언'

도쿄YMCA국제호텔전문학교
2022년 1월~

존재 의의(목적) 창설 100주년(2035년)을 목표로

우리 학교는 1935년 4월 15일 개교했습니다.

그것은 심대한 피해를 초래한 관동대지진의 폐허에서 눈부신 부흥의 심벌로서 '도쿄도에서 제12회 올림픽' 유치(1940년을 향하여) 및 그에 따른 외국인 손님을 응대할 인재육성을 목적으로 한 것이었습니다.

올해 도쿄YMCA국제호텔전문학교는 창설 87주년을 맞이하게 되었습니다.

지금까지 이어온 오랜 역사 동안 선배 강사와 12,000명이 넘는 선배들의 수많은 노력의 결과로 일본 호텔업계에서 기반구축과 신뢰향상에 공헌해 왔습니다.

그리고 세계에 통용되는 호텔 탄생의 순간에도 많은 인재를 공급하는 역할을 해왔습니다.

2021년 도쿄올림픽을 계기로 저희 도쿄YMCA국제호텔전문학교는 사회과제 해결을 위한 새로운 존재 의의(전문교육기관에서 업계지원기관으로)를 결정합니다.

그리고 그 후 창설 100주년(2035년)의 미래를 내다보며 '발견하다, 이어가다, 좋아지다'를 중심으로 UN이 정하는 SDGs(지속가능개발목표)에 공헌해 갈 것을 선언합니다.

| 01 | 04 | 05 | **07** | 08 | 12 |

(선언 1) 가치를 찾아내어 업계를 변혁하다(≒발견하다)
- 호텔과 여관업계에 대한 SDGs경영 지원
- 우리 학교 및 업계 전체의 근로방법 개혁추진과 실현
- 푸드 로스 대책과 재생가능에너지 등의 제안

(2022년) 호텔업계의 SDGs경영지원컨설팅 본격화 외

| 02 | 04 | **09** | 10 | 14 | 15 |

(선언 2) 미래와 연결되는 인재를 배출하다(≒이어가다)
- 필수교양과목에 'SDGs 관련 프로그램' 설치
- 지역을 활성화시킬 수 있는 '지역관광' 인재 배출
- 졸업생을 위한 '재교육'프로그램 구축

(2026년) LGBTQ · 유학생 · 장애인 등의 학생이 30% 외

| 01 | 04 | **06** | 08 | 10 | 17 |

(선언 3) 연속된 도전으로 사회를 좋게 하다(≒좋아지다)
- YMCA와 연대한 SDGs의 공동창조 프로그램 추진
- 학내외의 새로운 사업에 도전해 공감의 장을 넓힌다
- 일본의 노하우를 아시아에 전수해 진정한 국제화로

(2024년) 동남아시아 최초의 위성학교[33] 개교 외

---

[33] 학교의 본 교사에서 지리적으로 멀리 떨어진 장소에 설치되어 수업하는 학교. 혼성어로 '위성(satellite)학교'라고도 한다.

4장 칼럼
고기도 조직도 '햇볕 건조'로
맛도 장기보존도 훨씬 좋아지다

오키나와현 인재육성기업인증제도에서는 매년 '인재육성기업 심포지엄'을 개최하는데, 기조 강연자로 다음과 같은 저명한 분들을 초대한다(직함 등은 강연 당시의 것).

- 2015년 호시노 요시하루(주식회사 호시노리조트 대표이사)
- 2017년 시마다 유카(유니리버재팬홀딩스주식회사 임원인사총무본부장)
- 2018년 소야마 데쓰히토(주식회사 사이버에이전트 임원인사부장)
- 2019년 다카하시 유토(ClipLine주식회사 대표이사)
- 2020년 니시오카 데쓰히토(산쇼공업주식회사 대표이사)

그중에서도 2016년의 기조 강연 'J리그의 인재육성과 조직개발: 풍부한 스포츠문화의 발전을 목표로'를 담당한 무라이 미쓰루(공익사단법인 일본프로축구리그 이사장)의 이야기는 지금 생각하면 중소기업에서의 '지속가능한 조직 만들기와 SDGs · ESG경영'의 힌트가 되는 내용이 매우 많았다.

2014년 1월 31일 비즈니스계 출신자(리쿠르트사의 인사부장 역임)로서는 처음으로 J리그의 이사장에 취임했을 당시 입장하는 관객부터 상품판매에 이르기까지 모든 분야가 악화일로의 상황이었다. 그러나

'이사장의 네 가지 약속', '실수를 인정하는 PDM(Miss: 실수)CA 사이클[34]' 등 다양한 시책을 전개하고 잇달아 개혁을 추진해서 성공시켜가고 있다.

특히 필자가 공감한 것은 무라이 이사장이 리쿠르트 시절부터 소중히 여기고 있었던 생각(모습)을 나타낸 격언 "고기도 조직도 햇볕에 건조하면 보존상태가 좋아진다"는 것인데, '설령 조직에 불리한 정보라도 조직에서의 다양한 정보는 감추지 말고 공개하는 편이 좋다'라는 의미다.

이것은 코로나19 감염 확대의 영향이 있었던 2020년 5월 호시노리조트의 호시노 요시하루 사장이 재무 상황과 숙박시설의 예약 수 등을 분석한 결과 사내외에 '도산 확률'을 발표한 것과 일맥상통하는 내용이다.

생선을 햇볕에 건조하면 '보존상태뿐만 아니라 맛있어지는 것(좋은 맛이 나는 것)'과 마찬가지로 조직을 햇볕에 건조하면(정보를 내보내어 미디어에 게재하면) 지속가능성이 높아질 뿐만 아니라 사원에게도 좋은 맛이 나는(=성장하는) 것이라고 확신한다.

이처럼 SDGs는 중소기업이나 B to B기업에서 '햇볕 건조' 도구로서도 매우 훌륭하다고 할 수 있다.

---

34 경영학에서 사람의 성장을 'PDCA[Plan(계획) → Do(실행) → Check(평가) → Act(개선)] 사이클'로 표현하는 일이 많은데, J리그의 무라이 씨는 거기에 '실수(Miss)' 개념을 추가해 'PDMCA 사이클'로 새로운 도전을 하여 결과를 낸 사람을 평가하는 방침을 세웠다고 한다.

5장

SDGs의 핵심은
자율형 '조직 만들기'와
'인재육성'에 있다

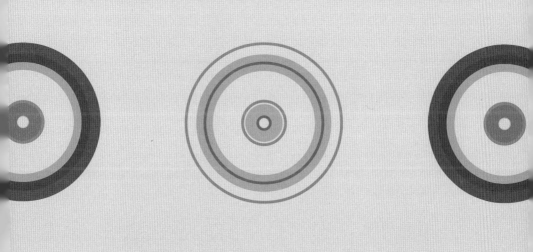

변혁의 시대야말로 SDGs로 '조직개발'과 '커리어자율'을 추진하다

전술한 오키나와현 인재육성기업인증제도('일하기 편함×일하는 보람'을 양립하는 기업 인정제도)와 함께 2012년부터 개설한 것이 '사람과 조직의 프로페셔널 양성강좌(이전에는 인재육성 추진자 양성강좌)'인데, 지금까지 1,000명 이상 수강하여 수료했다.

이 강좌는 커리어자율을 제창한 다카하시 슌스케(게이오기주쿠대학대학원 특임교수)가 기본설계를 맡았다. 강사진으로는 '조직개발'의 전문가인 노다 미노루(메이지대학전문직대학원 글로벌비즈니스연구과 교수), '취업규칙의 신'으로 유명한 시모다 나오토(특정사회보험노무사), '조직의 성과실현력 개발'을 담당하는 도이 사토시(주식회사 인비니오 대표이사) 같은 각 분야의 전문가들이 있다.

필자도 사무국장으로서 강좌 전체의 기획 · 설계 · 운영뿐만 아니라 3시간의 강의를 맡고 있다. 지금까지 10년간 다양한 주제의 강의를 해왔는데, 최종적으로는 '조직개발'과 '커리어자율'로 좁혀진 것 같다.

먼저 '커리어자율'이란 일하는 개인이 기업에 의존하지 않고 자신의 커리어에 흥미 · 관심을 갖고 주도적 · 자율적으로 커리어 선택이나 능력개발을 하는 것을 말한다.

한편 '조직개발'이라 하면 '대기업이 하는 것', '어렵고 힘든 것'이라는 이미지를 가진 사람이 많은데, 사실 '조직 만들기'나 '조직 활성화'

라는 표현을 사용하여 예전부터 중소기업에서도 일상적으로 해왔다.

그래서 이 장에서는 '조직개발'을 다시 정의하고, SDGs경영에서 조직개발과 커리어자율을 촉진하는 방법에 대해 이야기하겠다.

그 방법으로는 '미래 세대에게 사랑받는 회사: 지속가능한 조직 만들기와 SDGs · ESG경영'의 기본 OS(토대)라고도 할 수 있는 '직장의 기초대사' 방법(100p)에 있는 다음과 같은 관점을 응용했다.

- 능력은 보유하고 있는 것(스펙)
- 실력은 발휘하고 있는 것(퍼포먼스)
- 능력(스펙)×불(不)○○＝실력(퍼포먼스) 저하 → 불(不)의 해소가 중요

다음으로 중요한 것이 '개발'에 대한 심플한 이해다. '개발'이라는 말을 들으면 필자 자신도 '대규모 · 미지의 · 새롭게'라는 선입관을 갖고 있었는데, 영어의 Develop와 Envelop의 공통어원인 Velop[라틴어 velare는 '싸다(to wrap up, to cover)'라는 뜻]에 착안해 궁금한 것을 풀어가면 다음과 같이 된다.

- Envelop – 싸다, 덮다, 둘러싸다, 봉투, en(＝in)은 감싸다
- Develop – 발전시키다, 개발하다, de＝dis(＝apart)는 포장을 펼치다

---

* 출처: '어원으로 배우는 영단어 ~영 어원~'(https://eigogen.com/)

즉, '개발'이란 무언가에 싸여 있는(둘러싸여 있다 · 뚜껑이 덮여 있다) 것을 '펼치는 것, 해방하는 것, 개방하는 것'으로 파악할 수 있다.

또 전 세계에 만연해 있는 신형코로나바이러스는 envelope virus

로 표현한다. 가정용 및 업무용 세정제 · 소독제 · 구강청결제 등의 위생용품과 약물용액 공급기기를 개발 · 제조 · 판매하는 사라야주식회사의 HP에는 다음과 같이 기술되어 있다.

바이러스는 그 구조에서 지질성 막(envelope)이 있는 바이러스(envelope virus)와 지질성 막이 없는 바이러스(non envelope virus)로 나눌 수 있다. envelope virus는 알코올 소독제에 의해 데미지(damage)를 받기 쉽다. 인플루엔자바이러스, 코로나바이러스, 에이즈바이러스 등(일부 발췌해 수정)

이야기가 약간 옆길로 빠졌지만, 이상에서 '조직개발'이란 '직장 전체나 사원 개개인을 덮고 있는 포장 · 울타리 · 뚜껑[=불(不)]을 제거하는 것'이라고 생각할 수 있다. 직장의 기초대사 방법에서는 '인재육성'과 '조직개발'의 정의를 다음과 같이 하고 있다.

- 능력을 키우게 하는 것이 '인재육성'
- 실력을 발휘하게 하는 것이 '조직개발'
- 조직개발이란 조직의 '불(不)'을 제거하여 능력을 '실력으로 발휘하게 하는' 것

지금까지 많은 일본기업에서 중시되고 의미 있는 결과를 남겨온 것이 표 5.1의 정답에 대응하는 '인재육성'이다. 그러나 변화가 심하고 정답이 없는 미래 시대에 요구되는 것으로 '조직개발'이 중요하다고 생각된다.

지금까지 일본기업은 구미기업을 목표 · 기준(=정답)으로 해서 따

라붙고 추월하려고 노력해왔다. 그것을 수식으로 나타내면 '3+X=5'라는 정답 '5(구미)'와 '3(일본)'의 상황을 이해한 다음 'X(부족한 능력)'를 보충하는 '인재육성(능력을 키우는 것)'이 잘 기능하고 있었다고 할 수 있다. 그 결과 한때는 '재팬 애즈 넘버 원(Japan as number one)'으로까지 평가받기에 이르렀다.

또 일본인·남성·정사원이라는 '단일성'을 축으로 점점 늘어나는 인구 변화와 경제상황을 전제로 연공서열·종신고용 같은 다양한 인사정책이 이루어져왔다.

그런데 이번 코로나19와 지구온난화로 인한 태풍의 거대화나 선상 강수대(100년에 한 번 오는 폭우가 매년 발생) 등의 대응에서 알 수 있듯이 '정답이 없는(과거의 경험을 살리기 어려운)' 상황이 되면 제 기능을 하지 못하는 일도 종종 있었다.

현재 일본에서는 여성·장애인·고령자·외국인·LGBTQ 같은 다양한 인적자원이 있고, 근로 방법(고용 형태 등)도 다양하다. 또한 평균월급은 1997년을 최고로, 인구는 2008년을 정점으로 해서 하강세가 멈추지 않는 상태다.

이와 같이 변화가 심하고 정답이 없는 시대나 상황에서는 회사 전체가 한 몸이 되어 5라는 '이해할 수 있는 답'을 이끌어낸 후, 'X+Y=5(가상의 답)'에 대해 '3+2', '1+4', '7-2' 등과 같은 다양한 패턴으로 시행착오를 하며 반복해가는 것이 효과적이다.

이러한 '패턴의 다양성'을 추구하기 위해서는 바로 '인재의 다양성'이 핵심요소가 된다.

그러나 또 한편 인적자원이 다양화할수록 서로의 습관이나 가치관, 잘하는 것과 잘못하는 것의 차이에서 '불(不)'이 생기기 쉽게 된다. 그래서 지금까지 해온 '인재육성'과 함께 '불(不)'을 제거하기 위한 '조직개발'이 중요하다.

또 필자가 15년 이상 '조직개발'과 '커리어자율'에 종사하며 다양한 인사정책에 대한 시행착오를 해온 경험에서 'SDGs를 활용하는 것만큼 효과적인 것은 없다'는 결론에 이르렀다.

표 5.1 사회변화와 인사정책의 변화(효과적인 정책-인재육성과 조직개발의 비교)

	능력 신장이 효과적	실력 발휘가 효과적
일하는 사람들과 환경	단일성	다양성
인구와 경제동향	상승세	하강세
상황과 대답	안정 · 정답	변화 · 이해할 수 있는 정답
인사정책	인재육성	조직개발
커리어 디자인	등산형	격류하강형

SDGs의 세 가지 기능(번역·육성·연결)으로 '조직개발(실력 발휘)'

농학자 링겔먼(Ringelman)이 줄 당기기 실험 등을 통해 발견한 현상으로 '사회적 태만'이 있다. 이것은 개인이 단독으로 작업하는 것보다 집단으로 작업했을 때 개개인의 생산성이 떨어진다는 현상이다. 이것을 참고로 해서 사회심리학자 스테이너(Steiner)가 세운 공식 '실제의 생산성＝잠재적 생산성－프로세스로스＋프로세스게인'이 유명하다. 그것을 '직장의 기초대사 방법'으로 의역하면 다음과 같다.

● **조직의 실력＝조직의 능력－프로세스로스(불)＋프로세스게인**
   (사회관계자본)

이것을 그림 5.1로 설명하면 왼쪽의 녹색 모자 팀은 혼자서 300kg을 당기는 힘이 있다. 한편 오른쪽 흰색 모자 팀의 개개인은 100kg씩밖에 당길 힘은 없지만 합하면 보통은 '300kg＝100kg×3'이 되어 힘이 균형을 이루게 된다. 그런데 흰색 모자 팀에서는 '호흡의 불일치로 힘이 분산되고', '벡터의 불일치로 서로 (힘을) 없애는' 등의 프로세스로스(불)가 있어서 갖고 있는 '능력'을 '실력'으로 충분히 발휘하지 못하는 상태(100kg×3×0.6=180kg)가 된다.

그래서 논의와 연습을 통해 '호흡과 당기는 방향을 맞춘다(불일치 →

일치)'는 다양한 '불의 해소'가 가능해짐과 동시에 프로세스게인(사회관계자본≒팀워크)도 생겨 100kg×3×1.1＝330kg도 가능하다.

그림 5.1 스테이너의 공식(300kg>100kg×3이 되는 이유)

* 「일본의 인사부」 HP의 기사 "지금 『제2차 조직개발 붐』이 오고 있다!"(마토바 마사테루)를 참조하여
  필자가 독자적으로 작성

이 프로세스로스(불)는 인적자원 · 부서 · 거점이 늘어날수록 자주 발생한다고 생각되며, 그 외에 많은 공정 · 상품 · 직책 · 세대 · 국적 등도 그 요소로 파악할 수 있다.

우리가 '직장의 기초대사'로 서포트하고 있던 어떤 기업에서는 오랫동안 건물 3~7층에 각 부서가 분산되어 있었다. 그 덕분에 '불의 해소 매니지먼트' 효과가 있었는지 실적이 순조롭게 늘어났다. 종업원 수가 늘고 공간이 협소해지자 큰마음 먹고 전 부서와 전 종업원이 한 공간에 있을 수 있는 큰 사무소로 이사를 갔다.

사무소가 하나의 층에 모두 있게 되니 서서 간단한 대화도 자연스럽게 할 수 있게 되었다. 양질의 커뮤니케이션이 늘어난 결과 실적이 오르는 생각지 않은 효과도 나타났다.

이런 효과가 나타난 이유의 하나로 예전에는 사무소가 5개 층에 나뉘어 있어서(거점이 5개 있는 것과 동일) 생겼던 '프로세스로스(불)'가 해소되었다는 것을 생각할 수 있다.

이와 같이 직장의 '불(不)의 해소'를 하는 과정에서 생기는 '사회관계자본'의 증가에는 조직의 능력을 마음껏 발휘하게 하는 효과가 있어서 의도적으로 디자인하는 것이 중요하다.

이것이야말로 '조직개발'이 의미하는 바이고, 아래 'SDGs의 세 가지 기능(번역 기능 · 육성 기능 · 연결 기능)'은 그것을 가속화하는 도구로서 매우 유용할 것이다.

- 번역 기능: 세계와 세대를 초월하는 표준 언어가 되는 SDGs의 '번역 기능'을 활용해 경영자에서 종업원으로, 기업에서 소비자 · 거래처로 본래의 모습을 알기 쉽게 전달한다.
- 육성 기능: 장래를 고려한 SDGs 프로젝트를 추진하여 젊은이를 중심으로 '미니리더' 경험을 쌓게 함으로써 충분히 활용할 수 있다.
- 연결 기능: 본질적인 SDGs를 실천하는 기업끼리는 기반이 되는 가치관과 존재 의의가 공유되어 공동기획과 업무제휴, M&A나 사업승계 등에서 활용하기 쉽다.

그래서 우리가 서포터로 들어갈 경우는 8년 후인 '2030년'을 내다보고 연대 · 부서 · 직위 등을 횡단하는 프로젝트팀을 가동하고 있다.

SDGs로 조직의 '비장탄(備長炭)[1] 인재(난연 인재)'에 불을 붙이다

중소기업에서 종업원 청취 또는 관리직이나 젊은 리더를 대상으로 연수할 때 혹은 인사·연수 담당자와 사전 협의할 때 가끔 듣는 것이 다음과 같은 코멘트다.

● 사장이 경제단체연구회나 경영자 모임에 참가하면 많은 자극을 받고 온다. 그 후 사원들에게 '많은 부분을 맡기지만' 반년 후에는 본인도 잊어버리고 유야무야가 된다. 이번 안건도 '어차피 실망할 텐데…'라며 많은 사원이 상황을 냉소적으로 보고 있다.

● 사장의 '기분'은 이해할 수 있다. 눈앞에 놓여있는 일이 힘겨운 상태인데, "새로운 일에 도전하자!"고 해도 솔직히 말해 일이 늘어나 부담이 될 뿐이다.

이런 것들은 SDGs뿐만 아니라 조직에서 새로운 사업을 추진하려고 할 때 적지 않게 일어나는 중소기업의 공통된 문제라고 할 수 있다. 신상품이나 서비스를 어떻게 보급하고 촉진시킬 것인가를 생각할 때 흔히 거론되는 것이 '이노베이터 이론'[새로운 것을 받아들이기 쉬운 '이

---

1   목탄(백탄)의 일종으로 졸가시나무를 원목으로 구워서 만든 고급 숯

노베이터(innovator)'와 '얼리 어댑터(Early Adopters)'의 상위 16%가 중요]이다.

SDGs 옹호론자들은 이 이론을 이용해 "사내 16%의 사람에게 SDGs를 침투시키면 회사 전체로 확대되어 추진하기 쉬워진다"고 하는 사람도 많다.

그러나 오랜 세월 동안 많은 기업이 측면 지원을 하고 때로는 실패한 쓰라린 경험을 한 우리로서는 '얼리 어댑터'와 '얼리 매조리티(Early Majority)' 사이에 깊은 틈[캐즘(chasm)]이 있다는 '캐즘이론'을 추천하고 권장한다.

캐즘이론은 제프리 무어(미국의 조직이론가 · 경영컨설턴트 · 작가)가 제창한 것으로 '이노베이터'와 '얼리 어댑터'의 초기시장과 '얼리 매조리티', '레이트 매조리티(late majority)', '래거드(laggards)' 보급시장 사이에는 극복하지 않으면 안 되는 깊은 틈(캐즘)이 있고 그것은 '가치관(니즈)'이나 '행동 동기'의 차이에 기인한다고 했다.

제프리 무어에 의하면 초기시장에서 사람들이 상품을 구입하는 (행동을 일으키는) 동기는 '새로움'(혁신적인 기술이나 선행자 이익)에 있고, 보급시장에서는 '안도감'(신용담보나 품질보증)이 중요한 요소가 되어 양쪽은 다르다고 한다.

이러한 마케팅이론을 일본에서 처음으로 '조직개발'에 응용한 사람은 다름 아닌 노다 미노루(메이지대학전문직대학원 교수)인데, 1987년 간행된 『매니지먼트 르네상스: 경영혁신프로세스와 스키마체인지』(노무라종합연구소 정보개발부)에서 그의 지론을 전개했으며 다카시마야(高島屋)[2]를 비롯한 수많은 기업의 조직개발에 채택되었다.

그림 5.2에서는 조직에서의 인재를 노다 선생님의 용어에 따라

---

2   주식회사 다카시마야(Takashimaya Company)는 오사카부 오사카시 주오구 난바에 본사를 둔 대형백화점

'자연 인재', '가연 인재', '비장탄 인재(난연 인재)', '불연 인재'로 표현하고 있다.

먼저 중소기업의 경영자(특히 창업자)는 분명히 '자연 인재(스스로 타는 인재)'이고, 다음으로 사장의 영향을 받기 쉬운 '가연 인재(타기 쉬운 인재)'가 있다.

이 두 부류의 인재는 '새로움'(혁신적인 기술이나 선행자 이익)에 반응해 금방 불이 붙지만, '완전 연소되기 쉽다(행동은 빠르나 싫증을 잘 낸다)'는 경향이 보인다.

한편 조직에서 착실하게 업무를 수행하고 오랫동안 사업을 발전시켜가는 것은 틀림없이 '비장탄 인재(난연 인재: 처음은 타기 어려우나 한번 불이 붙으면 오랫동안 계속 타주는 인재)'이고, 중소기업에서 '근간(축)'이 되는 존재다.

이 비장탄 인재에 불을 붙여 이끌어가기 위해서는 '안도감'(신용담

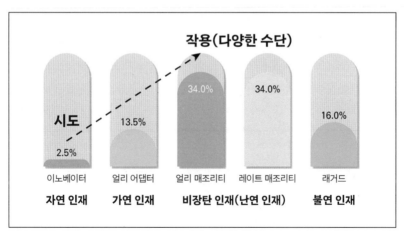

그림 5.2 SDGs로 '비장탄 인재(난연 인재)'에 불을 붙이다

* 『キャズム』(ジェフリー·ムーア, 翔泳社, 2002)을 참조해서 필자가 독자적으로 작성, 일러스트 재작성

보나 품질보증)이 중요하다고 하는데, SDGs의 역사와 배경에는 비장탄 인재가 중요하다고 할 수 있다.

예를 들면 '2001년의 MDGs로부터＝일과성이 아니다', 'UN의 만장일치＝국제적 합의', '초·중·고에서 의무교육화＝국가의 미래전략', '매일 보고 듣는다＝단순접촉 효과(호감도 상승)' 등인데, 그전에 경영자가 새로운 사업에 관해 '결코 신뢰성을 실추시키지 않겠다'는 의지를 보여주어 안도감을 조성하는 것이 중요하다.

전 종업원을 대상으로 'SDGs판 경영방침서'나 '2030년을 내다본 프로젝트팀' 등 '불(不)'을 해소하기 위한 체제 만들기를 가시화한다. 그리고 그 상태를 유지하면서 계속 회전시켜가면 마침내 '비장탄 인재'를 중심으로 직장 전체에 양질의 '불'이 붙을 것이다.

장래 희망하는 직업 랭킹에서 '회사원'이 당당히 1위에

'비장탄 인재'에 불을 붙이기 위해 중요한 또 하나의 요소가 '가족'의 존재다. 필자는 SDGs 연수를 할 때 늘 다음과 같이 말한다.

> SDGs의 목표연도인 2030년은 올해 열 살인 아들이나 손자가 성인을 맞이하는 해가 됩니다. 어떻습니까? 먼 미래인 것 같은데 아주 가깝지요.
> 그리고 여러분의 2030년을 상상해보세요. 우리 자신과 아들이나 손자가 사는 지역이나 사회, 지구가 더욱 살기 좋고 행복해지면 기쁘겠지요. **그런 활동의 일부를 우리 회사가 맡고 있다고 생각하면 매우 자랑스럽지 않겠습니까?**

다이이치생명보험이 1989년부터 매년 실시하고 있는 '장래 희망하는 직업 조사'의 최신판(제32회: 2021년 3월 17일 발표)에 흥미 있는 결과가 나와 있다.

초등학생 남자, 중학생 남녀, 고등학생 남녀에서 '회사원'이 당당히 1위에 올라 있다. 그 이유에 대해 같은 리포트에서는 "코로나로 인해 재택근무가 확대되어 부모의 일하는 모습을 가까이에서 보게 된 이유도 있다고 생각한다. 아직 어린아이이지만 부모의 뒷모습을 보고 자신도 '회사원'으로 일해보겠다고 현실적으로 생각하고 있을 수도 있다"고

코멘트하고 있다.

이것은 우리가 가족에게 '일이나 회사에 관해' 시시콜콜 말하지 않은 것에 대한 반전이라고 할 수 있다. SDGs의 '번역 기능'을 활용해 자신의 일이나 회사에 관한 것을 가족·친척·친구 등에게 자랑스럽게 말할 수 있는 것은 정말로 즐거운 일이다.

표 5.2 장래 희망 직업에서 '회사원'이 1위에

	초등학생 남자	초등학생 여자			중학생 남자	중학생 여자
1위	회사원	파티시에		1위	회사원	회사원
2위	유튜버	교사/교원		2위	프로그래머	공무원
3위	축구선수	보육사		3위	공무원	간호사
4위	게임제작	회사원		4위	유튜버	파티시에
5위	야구선수	만화가		5위	게임제작	교사/교원

	고등학생 남자	고등학생 여자
1위	회사원	회사원
2위	프로그래머	공무원
3위	공무원	간호사
4위	게임제작	교사/교원
5위	교사/교원	보육사

* 2020년 12월 조사/전국의 초등학교 3~6학년생, 중학생, 고등학생/샘플 수 3천 명
* 다이이치생명 언론공개(2021년 3월 17일, 제32회 '장래 희망하는 직업' 조사 결과 발표)를 기초로 필자가 작성. https://www.dai-ichi-life.co.jp/company/news/pdf/2020_102.pdf

'불의 해소 매니지먼트' 사이클로 직장과 사회 과제(불)를 해소하다

SDGs를 추진할 때 자주 듣는 키워드가 '백 캐스팅'과 '아웃사이드인'이다. 먼저 '백 캐스팅'은 미래에 있어야 할 모습을 기점으로 거기서 역산해서 해결책을 찾아내는 수법(현재를 기점으로 해결책을 쌓아 올리는 수법인 '포 캐스팅'의 반대)을 가리킨다.

'아웃사이드인'이란 사회 과제 해결을 기점으로 새로운 비즈니스를 창출하는 수법이다. 지금까지 해온 프로덕트 아웃(product out: 기업이 자사 상품·서비스의 강점을 살려 시장을 만드는 것)과는 반대의 발상인데, 기업이 시장의 니즈에 맞추어 상품·서비스를 만들어가는 '마켓 인(market in)'의 진화·확대판이라고도 평가되고 있다.

그러나 지역 중소기업이 거기에 너무 구애되면 그 회사 종업원이 'SDGs에서 내세우는 이상적인 모습'과 '눈앞의 일이라는 현실'의 틈새에서 고민하여 좌절해버리는 일도 적지 않다. 또 급격한 방침 전환으로는 사고·행동특성의 변화가 따라갈 수 없게 된다.

이것은 예전의 영업이 '이제부터는 PUSH형 영업이 아니라 PULL형 영업이다', '고객 용건 청취 영업에서 제안형 영업으로의 전환이다'라며 지금까지의 '사고와 행동특성'과 정반대가 되는 변화를 급속히 요구받음으로써 혼란을 경험한 사례와도 유사하다.

그림 5.3에서도 볼 수 있듯이 우리의 '사고·행동특성'은 '사회적 역

할(환경)'이 바뀌고 일상의 '습관(일상생활 · 업무)'이 바뀜으로써 조금씩 변화한다고 한다.

예를 들면 코로나19로 인한 장기간의 환경변화로 '습관(일상생활 · 업무)'이 바뀌고 또 '사고 · 행동특성'에 변화가 일어나는 것은 여러분도 많이 실감했을 것으로 생각한다.

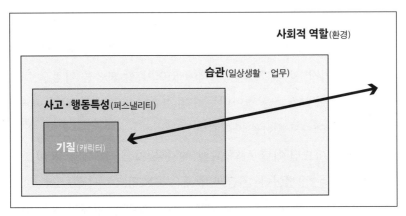

사회적 역할(환경)이 습관(일상생활 · 업무)에 작용하고,
습관(일상생활 · 업무)이 사고 · 행동특성(퍼스낼리티)에 작용한다.

그림 5.3

여기서 중요한 포인트는 '사고 · 행동특성'에 변화가 나타나기 위해서는 일정 기간의 '습관(=일상생활 · 업무에서의 반복)'이 필요하다는 것이다.

조금 더 종업원의 입장 · 관점에서 말하면 "사장이 갑자기 SDGs를 추진하겠다고 목소리를 높여도(직장환경이 변해도) 그렇게 바로 바뀌지는 않는다(사고 · 행동특성이 바뀌는 데는 시간이 걸린다. 잠시 기다려주세요)".

또 우리(조직개발 전문) 입장에서 약간 냉정하게 말하면, "SDGs 연수를 수없이 많이 한 정도로는 사람도 조직도 바뀌지 않는다". 카드 워크의 연수가 그냥 "즐거웠다"로 끝나면 실제로는 아무것도 일어나지 않는다.

게다가 중소기업은 대기업과 달리 일손에 여유가 없는 경우도 있어서 SDGs 담당이 겸임하는 경우가 많다. 기존의 업무를 떠안은 상태로는 '시간적으로도 심정적으로도' 여유가 없어서 SDGs를 후순위로 돌려버리는 경향도 보인다.

그래서 우리가 일본 전국에 있는 중소기업 여러분에게 제안하고 실제로 50개 사 이상에서 사업성과를 올리고 있는 방법은 '지속가능한 조직 만들기와 SDGs · ESG경영(근로방법 개혁×SDGs경영을 동시에 진행한다)'이다.

자세한 내용은 다음 절 '산다이(三大)식품' 사례에서 소개하겠지만, 단적으로 말하면 직장의 '불(不)' 해소(근로방법 개혁)에서 시작해 사회의 '불(不)' 해소(SDGs · ESG경영)로 연결하여 '불(不)의 해소 매니지먼

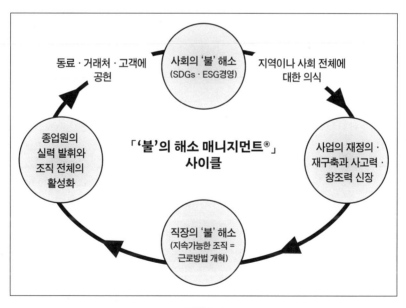

그림 5.4

트' 사이클로 하고 이것을 착실하게 하나씩 해결해나가는 모습이다(그림 5.4).

직장의 '불(不)' 해소(근로방법 개혁)로 종업원의 부담을 가볍게 한다. 그래서 시간적 · 심정적인 여유가 생기면 사회의 '불(不)' 해소(SDGs · ESG경영)로 접근하게 된다.

라이벌 기업과의 '공동배송'으로
장시간 노동과 CO_2 감축
'산다이식품' 사례

'불(不)의 해소 사이클'로 '근로방법 개혁'과 'SDGs경영'을 모두 추진하고 있는 유한회사 산다이식품(본사: 오키나와현 난조시, 대표이사: 후텐마 구니미쓰) 사례를 소개한다.

이 회사는 업무용 식재료의 도매와 소매, 주문생산요리의 제조·판매를 하고 있고, 오키나와현 내의 호텔과 관광시설, 음식점이 주요 고객이다.

산다이식품에서 '근로방법 개혁(직장의 기초대사 방법)' 연수를 한 2019년 당시는 전년도에 처음으로 오키나와현으로 들어온 관광객 수가 1천만 명을 넘는 등 호텔과 관광시설, 음식점에서 사용하는 식재료 전반에 대한 매출과 이익 모두 호조를 보였다. 하지만 거기에 비례해 '잔업 비용과 가솔린 비용' 같은 원가 측면에서 새로운 과제가 발생했다.

그런 과제를 해결할 단서가 된 것은 2019년 11월 연수 때 젊은 종업원들이 내놓은 '라이벌 기업과의 공동배송'이라는 아이디어였다.

오키나와현 내에는 남부거점의 산다이식품, 중부거점의 이케하라상사(오키나와현 우라소에시, 대표이사: 이케하라 가즈노리), 북부거점의 사키하마상점(오키나와현 나고시, 대표이사: 사키하마 슈이치)이 있는데, 각사가 공통의 식재료를 취급하면서도 독자적인 식재료를 개척·개발하는 등 절차탁마해온 라이벌이기도 하다.

이들 3사의 사장은 이전부터 정기적으로 허심탄회하게 정보교환을 한 적도 있고, '배송에 따른 장시간 노동'이나 '증가하는 잔업 비용과 가솔린 비용' 등이 공통의 경영과제였다. 그러던 중 산다이식품의 제안으로 2019년 12월부터 바로 일부 상품에서 공동배송을 시작하게 되었다.

라이벌 기업과의 공동배송 효과가 나타나자마자 코로나19의 감염 확대와 긴급사태선언으로 인해 연간 수적 검증은 하지 못했지만, 후텐마 사장은 종업원의 의식개혁과 조직 활성화에도 아주 큰 효과가 있었다고 말했다.

> **POINT ··· 저자의 생각**

3사의 공동배송으로 각사의 배송지역을 분할함으로써 근거리 배송 비율이 늘어나고 장시간 노동이 개선됨과 동시에 가솔린 비용도 절감했다.

결과적으로 CO_2 배출량이 줄어들고 업무효율화도 추진되어 종업원이 활기 차게 일하는 환경정비와 이익률 확대로도 이어지고 있다. 또 산다이식품은 지금까지 끊임없는 노력과 성과가 평가되어 2019년 '오키나와현 인재육성인증기업'으로 선정되었다.

노포 일식점이 '세 가지 품평'으로
구마모토 No. 1 기업에 도전
'향토요리점 아오야기' 사례

구마모토 시내에 있는 향토요리점 '아오야기'는 구마모토 현민에게는 일상의 장소이며 구마모토의 '식문화와 기풍'을 전하는 장소이기도 하다. 역사는 길어 창업 73주년을 맞이한다. 이 회사는 2019년 자부담으로 SDGs에 노력했으나 '개인목표'만 정하고 정체된 상태다. 이번에 직장의 SDGs 추진 컨설턴트이기도 한 아키야마 유미코[이커리어 커넥트(e-career connect) 대표]가 측면 지원하게 되었다(우리는 SDGs선언의 정리 감수).

SDGs 추진에서 가장 힘들었던 것은 "사장은 참견하지 않고 참고만 있었다. 사원과 보조를 잘 맞추라고 몇 번이나 다짐을 받았다"며 웃는 얼굴로 말하는 사람은 유한회사 신와상사(향토요리 아오야기) 대표이사 구라하시 아쓰시(본사: 구마모토현 구마모토시)다.

아오야기에서는 2012년부터 구라하시 사장의 진두지휘하에 일본요리점과 여관 등 업계 전체의 발전을 저해하는 요인의 하나인 '요리사와 여직원의 대립관계'를 없앨 목적으로 '여덟 가지 방안'을 중심으로 새로운 조직 만들기를 추진해왔다.

그 결과 2018년에는 구마모토현으로부터 음식업계로서는 처음으로 '브라이트기업'[3] 인증을 받았고, 2019년에는 구마모토상공회의소로부터 '사람을 행복하게 하는 경영대상', 2021년에는 '일본에서 가장 소중히 하고 싶은 회사'의 심사위원회 특별상을 수상하는 등 눈부신 인재육성과 조직개발을 실천하고 있다.

이번 SDGs 프로젝트는 사원들의 투표로 뽑힌 5명의 젊은 리더를 중심으로 컨설턴트인 아키야마 씨와 2인 3색으로(구라하시 사장은 참견하지 않고 인내) 시행착오를 반복해가면서 요리사와 여직원도 혼연일체가 되어 2021년 7월 1일 'SDGs선언'을 하는 날을 맞이하게 되었다.

구라하시 사장은 지금까지 해온 어떤 연수보다 효과가 있었고 SDGs의 훌륭함을 알게 되었다며 구마모토현 소재 중소기업과 일본 요리업계에 SDGs를 끊임없이 권유해갈 생각이라고 한다.

POINT ··· 저자의 생각

구라하시 사장과 아키야마 씨, 필자와의 대화 중에서 나온 캐치프레이즈가 '음식 품평', '사람 품평', '시기 품평'이었다.

지역에 뿌리를 내린 지 70년 이상의 역사를 가진 아오야기가 '지역(구마모토) No. 1', '창업 100년'을 향해 가는 모습을 앞으로도 애정을 가지고 지켜보고 싶다.

---

3 일하는 사람이 생기가 넘치고 안심하고 계속 일할 수 있는 기업으로 '블랙기업'의 반대 이미지를 가진 기업을 말하는데, 구마모토현에서 만든 말이다.

시대를 앞서가는 사장이
사업의 '재확인'과 사내외로 '재발신'
'래키오스' 사례

현재 오키나와현에서 SDGs로 다시 주목받는 회사는 주식회사 래키오스홀딩스(본사: 오키나와현 나하시, 대표이사 겸 CEO: 기보 후미오) 7개 사의 래키오스그룹이다. 이 그룹은 사회 과제 해결을 목적으로 주거환경과 정보통신에 관련된 다양한 사업을 전개하고 있다.

굳이 '다시 주목'이라고 표현한 것은 지금부터 6년 전인 2016년 필자가 내각부 프로페셔널인재전략사업의 오키나와거점 매니저로서 기보 사장과 종업원 모두를 인터뷰했을 때, 기보 사장의 사업관이 너무 선진적인 나머지 거래처 기업뿐만 아니라 함께 일하고 있는 종업원조차 '확신'을 가질 수 없는 모양새였다.

그 점에 대해 기보 사장은 TV 프로그램 「SDGs에 도전! 오키나와 드림플랜 2019~2020」(류큐방송/2020년 10월 24일 방영)과의 인터뷰에서 다음과 같이 언급했다.

원래 자연스럽게 '이렇게 했으면 좋겠다'고 생각하며 다양한 사업을 전개해 왔다. 이번에 그것이 SDGs로 명확히 제시됨으로써 '아~ 이거야'라고 생각하고 SDGs의 이념과 17가지 목표에 따라 표현을 잘 가다듬고 사업계획과 우리가 본래 갖춰야 할 모습을 재확인했다. 그 결과 이 상품·서비스의 '목적은 ○○'라는 것이 단순하고 쉽게 사내외에 전달되었다. 그런 점에서 UN에 의해 SDGs가 정해져 다행이라고 생각함과 동시에 회사의 하나의 큰 지침이기도 하다. 그리고 SDGs가 전 세계의 '공통언어'인 점도 커다란 의의가 있다고 생각한다.

이 회사는 SDGs의 '세 가지 기능(번역 · 육성 · 연결)'을 잘 활용함으로써 사회 과제 해결을 위해 스피드를 더욱 올렸다. 2021년 11월에는 '누구나 안심하고 원만하게 살 수 있는 사회 만들기' 사업이 평가를 받아 '제56회 사회공헌자 표창'을 수상했다.

POINT ··· 저자의 생각

'오키나와SDGs드림플랜2019'(2019년 10월)에서 '지역 유대를 회복한다! : 지역 유대로 살기 좋은 사회를 실현한다'(통신으로 지역경제 활성화)라는 꿈을 선물한 마쓰도 아쓰요시(당시 주식회사 래키오스 영업2과 과장)에게 슬슬 진척 확인을 할 시기가 왔다.

SDGs로 '대기업과 대학'이 동등한 파트너로

'마치클린' 사례

지속가능한 사회 실현으로 이어지는 뛰어난 '소셜 프로덕츠(Social Products)'에 초점을 맞추어 사회성과 상품성 모두를 평가하는 일본 최초의 표창제도인 '소셜 프로덕츠 어워드'에서 2021년도 '소셜 프로덕츠상'을 수상한 것은 오리온맥주주식회사의 '더 드래프트'다. 이 제도의 HP에는 다음과 같은 심사위원 코멘트가 게재되어 있다.

> 현내에서 생산되는 보리를 사용한 '지산지소' 실현이나 지역농가와의 연대로 지역경제 활성화에 공헌, 수리성(首里城)[4] 재건을 위한 기부 등은 지역 활성화의 대표적인 예라고 할 수 있는 상품이다. 또 제조 시 배출되는 폐기물 전부를 리사이클·재사용함으로써 배출 제로 달성, 맥주 찌꺼기의 순환형 활용도 이루어져 환경과제 해결에 폭넓게 공헌하고 있는 점도 높게 평가된다.

[4] 류큐 왕국의 중심에 있던 성으로 해발 100m 정도의 산호초 위에 쌓아 올려진 구릉성이다. 2019년 10월 심야에 일어난 화재로 정전을 비롯한 많은 수장 전시품이 전소되어 현재 복원작업이 진행 중이다.

이들 사업 중에서 중요한 부분을 차지하는 보리 재배를 류큐대학과 지역 농업고등학교와 공동으로 맡은 것이 오키나와현에서 폐기물의 '재자원화'에 노력하고 있는 마치클린주식회사(본사: 오키나와현 난조시, 대표이사: 아카미네 다이스케)다. 이 회사는 "폐기물은 이미 자원이다"를 모토로 내걸고 있다.

이 회사는 예전부터 오리온맥주회사에서 맥주를 제조할 때 나오는 맥아 찌꺼기를 퇴비화해서 리사이클하는 일련의 공정을 맡고 있었다.

게다가 그린필드사(80p)와 공동으로 '순환형 농업'을 하는 등 이른 단계부터 SDGs에 관한 사업을 한 것이 이번 '더 드래프트' 프로젝트 참여를 권유받은 이유 중 하나였다. 이것은 바로 SDGs의 '세 가지 기능(번역·육성·연결)'의 효과에 힘입은 것이다.

POINT ··· 저자의 생각

'그 외에도 이 회사에서는 류큐은행의 소개와 지원을 받아 원예업으로 토양개량 노하우를 보유하는 한편, 후계자 부재였던 유한회사 구보 녹화원예에 대해 M&A에 의한 사업승계를 실현하여 이들 두 회사의 과제(불)를 해소했다.

이것도 SDGs의 '세 가지 기능(번역·육성·연결)'이 할 수 있는 일이라고 할 수 있고, 앞으로 환경보전과 경제성장의 양립을 목표로 '오키나와형 순환경제'와 '지속가능한 농업'을 위한 기반을 더욱 착실히 강화해갈 것으로 생각한다.

SDGs로 '장애인'과 '기업'을 연결하여 지역 활성화

'아리가토 팜' 사례

2020년 12월 오카야마컨벤션센터에서 지역 과제 해결에 노력하는 단체를 표창하는 '오카야마 SDGs 어워드' 시상식이 처음으로 열렸다. 이것은 SDGs 추진을 지향하는 오카야마현 내의 산학관이 연합하여 만든 '오카야마SDGs연구회'가 주최하는 행사다.

이 기념할 만한 첫 수상 6개 단체 중의 하나가 '알아야 할 것은 장애를 없애는 것'을 슬로건으로 내걸고 '아트와 서비스업의 2개 축'으로 취업계속지원A형사업소 등을 운영하는 주식회사 아리가토 팜(본부: 오카야마현 오카야마시, 대표이사: 기니와 고스케)이다.

창업자인 기니와 회장은 건설회사에서 세토대교 공사에 종사한 후, 기획·디자인 관련 일을 거쳐 독립했다. 그 후 인재파견사업과 채용 컨설팅 일을 하다가 2014년 이 회사를 설립했다. '활기차고 당당하게 인생을 산다'는 기업의 이념하에 장애 유무에 관계 없이 누구나 서로 도와가면서 살아가는 공생사회 실현을 목표로 하고 있다.

이 회사에서는 주로 장애를 가진 사람들을 지원하고 있는데 손님 취급은 하지 않고 '이용자'가 아니라 '멤버'로 부르며, '자신이 있을 공간을 스스로 만들고 자신의 역할을 찾아 자기실현을 해나가는 것'을 중요하게 여긴다. 이번 '오카야마 SDGs 어워드'를 수상한 오모테초상

점가(表町商店街)[5]에서 하는 사업도 장애인이 '폐자재를 이용한 리사이클 아트'를 만들면 '사주는' 것이 아니라 강사의 입장에서 아이들에게 아트를 '가르쳐주는' 점이 높게 평가되었다.

2016년부터 시작한 것이 '기업의 사회공헌활동 · SDGs경영의 파트너가 된다'는 '렌터 아트'사업이다. 예전에는 만화가와 건축가, 편물작가로 활약했지만 어떤 계기로 정신적 장애나 난치병을 앓게 된 사람들. 그 각각의 멤버가 가진 아트의 힘을 공사장의 안전펜스나 간판 디자인에 활용함으로써 기업의 사회공헌활동과 풍요로운 도시 만들기와도 연결되어 진정한 '삼방만족'을 실현하고 있다고 할 수 있다.

POINT … 저자의 생각

상품홍보 깃발의 통신판매사이트에서 압도적인 시장점유율을 자랑하는 주식회사 이타미아트(본사: 오카야마현 오카야마시, 대표이사: 이타미 가즈아키)와 합작한 것이 상품홍보 깃발을 만들 때 나오는 자투리 천을 사용한 상품(가방 등) 제작이다. 단순히 '자투리 천'의 소각처분을 줄이고 CO_2 감축 효과뿐만 아니라 재택근무로 '동영상교육'이나 '품질관리'를 실현함으로써 '전국의 장애를 가진 사람들이 수입을 창출한다'는 새로운 비즈니스모델을 만들었다.

---

5   오카야마현 오카야마시 북구에 있는 상점가로 오카야마시의 번화가이기도 하다.

5장 칼럼
커리어 디자인은 '등산형'에서 '격류하강형'으로

일하는 개인이 기업에 의존하지 않고 자신의 커리어에 흥미·관심을 갖고서 주도적·자율적으로 커리어 선택이나 능력개발을 한다는 의미를 가진 '커리어자율'(163p 참조). 그것이 '지금' 왜 중요한가에 대해 커리어자율의 1인자이며 오키나와현 인재육성기업인증제도를 설계한 다카하시 슌스케 교수(게이오기주쿠대학대학원 정책·미디어연구과)의 강의내용을 읽고 '등산형 커리어'와 '격류하강형 커리어'의 관점에서 기술한 후, SDGs경영[직장과 사회의 '불(不)'을 해소한다]의 효과를 필자 나름의 관점에서 다음과 같이 정리했다.

● 목표보다 습관

상상외의 변화가 일어날 수 있는 지금은 '등산'처럼 커리어의 목표를 앞세워 쌓아 올라가는 것이 힘들어지고 있다. 마치 격류가 몰아치는 것과 같은 커리어의 기로에서 좋은 우연을 만나는 사람(기회를 붙잡는 사람)에게는 공통의 '습관'이 있는데, 그것은 '적극적인 배움과 행동을 반복하는' 습관이다.

SDGs · ESG경영에서의 효과

SDGs를 '근로방법 개혁'과 연동시킴으로써 '적극적인 배움과 행동을 반복하는' 습관이 강화되어 업무 흐름의 개선과 신규 비즈니스 창출로도 이어진다.

■ 보편성이 높은 배움

배움의 습관에서 중요한 것은 '사물의 배경과 목적을 깊이 있게 배우는' 데 있다. 일도 단순히 눈앞에 있는 일을 처리하는 것이 아니라 '왜 무엇 때문에 하는 일인지'를 깊이 고민함으로써 진정한 이해로 이어진다. 사회적 변화가 심한 지금, 하나의 분야뿐만 아니라 다양한 분야로 배움을 넓히는 것이 필요하다.

SDGs · ESG경영에서의 효과

SDGs의 과거 · 현재 · 미래를 이해함으로써 '사물의 배경과 목적을 깊이 있게 배우는' 자세를 기르고 17가지 목표를 통해 다양한 분야로 흥미 · 관심을 넓힐 수 있게 된다.

■ 건전한 직업관

인생 100세 시대인 지금 '직업인생'이 길어지고 있다. 중요한 것은 '건전한 직업관을 갖고 있는가?'로 일의 만족도와 관련되어 있는 것을 알 수 있다. 그것은 '일 자체가 재미있다'는 내인적인 직업관에 더해 '일을 통해 사회에 공헌할 수 있다', '다른 사람을 위해 일할 수 있다'는 규범적인 직업관을 가리킨다.

SDGs · ESG경영에서의 효과

SDGs를 사용하여 중장기계획(3·5·8년 후)을 이해하게 함으로써 '일을 통해 사회에 공헌하는' 자신을 위해 자율적으로 성장을 꾀하게 된다.

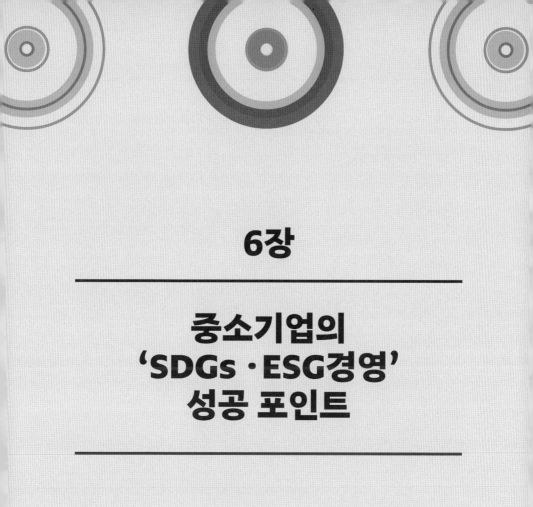

6장

중소기업의
'SDGs · ESG경영'
성공 포인트

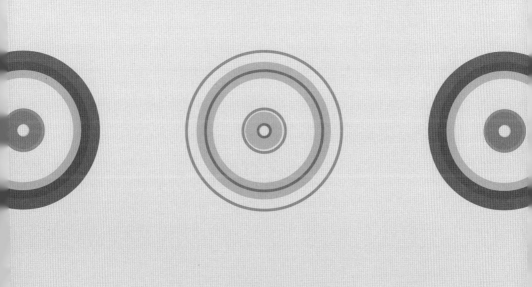

중소기업은 변화를 받아들여 상위 20%의 '선두집단'을 지향하자

요즘은 앞날이 불투명하고 장래가 예측 불가능한 상태를 가리키는 'VUCA(뷰카)'라는 말을 자주 듣는다. 원래는 1990년대 후반 미국에서 사용되기 시작한 군사용어였다. 최근에는 'VUCA 시대(세계)'와 같이 비즈니스에서도 사용하게 되었는데, 다음과 같은 4개의 머리글자로 구성된 조어다.

- Volatility: 변동성 · 불안정성/기술혁신에 의한 시장변화 등
- Uncertainty: 불확실성/대규모의 자연재해나 인구변동 등
- Complexity: 복잡성 · 불가산적/복잡하게 서로 얽혀 있는 저해요인 등
- Ambiguity: 모호성 · 불명확성/소비자의 다양한 가치관 등

V · U · C · A의 모든 단어에 '불안정성, 불확실성, 불가산적, 불명확성'처럼 '불'이 들어가 있어 정말로 사회 전체(자신이나 자사 이외)에 다양한 '불'이 떠돌고 있는 상황이라고도 할 수 있다. 그렇기 때문에 먼저 '자신' · '자사' 같은 내부에서 항상 '불(不)'을 해소하고 언제라도 대처할 수 있도록 준비해두어야 한다.

그런 VUCA 시대에 필요한 매니지먼트나 리더십으로서 일본 최

대 인사포털 HRPro에서는 다음의 여섯 가지를 들고 있다. 이번에는 거기에 '직장의 기초대사(불의 해소 매니지먼트)' 요소를 넣어 '불(不)○○의 해소'라는 형식으로 가필해서 좀 더 상상하기 쉽게 했다(2021년 2월 25일, 'HRPro' HP 기사 "『VUCA』의 의미란? VUCA 시대에 필요한 매니저의 스킬과 리더십, 인재육성을 해설"을 참고로 필자가 일부 편집).

* https://www.hrpro.co.jp/series_detail.php?t_no=2343

▣ 비전을 명확히 설정한다(불투명과 불침투의 해소)

기업이 나아가려는 방향을 명확히 제시하고 알게 하여 전망을 밝게 한다. 종업원 각자가 자신의 역할을 인식하고 자발적으로 행동할 수 있기를 기대한다. 종업원이 자율적으로 비전을 향해 함께 행동함으로써 조직이 활성화되고 신규 사업 창출 등이 촉진된다.

▣ 새로운 정보를 적극적으로 입력한다(불일치와 부자유의 해소)

지금까지의 성공사례를 기초로 해서 사업을 진행하는 것이 어려워졌다. 따라서 늘 안테나를 세워 새로운 정보를 적극적으로 입력할 필요가 있다. 과거의 방법에 집착하지 말고 자유롭게 새로운 정보를 얻어 분석하고 시대에 맞는 형태로 자사의 프로젝트에 활용해나간다.

◼ 정보수집과 스테레오타입[1]의 배제(불균형과 불충분의 해소)

자사 주변뿐만 아니라 국내외로 널리 시야를 넓혀 최신 비즈니스 모델이나 IT기술, 외국의 정치정세 등 다양한 각도에서 매일 새로운 정보를 충분히 입력한다. 편중 현상이 없도록 정보수집 도구는 복수로 하면서 정보원을 확인하여 사실만 받아들인다.

◼ 멤버에 대한 동기부여(불이해와 불승인의 해소)

상대를 제대로 이해하지 못하고 일방적으로 강요하는 것이 아니라 멤버와 같은 시선을 갖고 대화할 수 있는 능력(인재의 장점을 끌어내어 살리는 것)이 중요하다. 비전 실현을 위해 함께 나아갈 동료로서 다름의 특징을 이해하고 의견에 귀 기울이면서 멤버의 능력을 발휘하게 한다.

◼ 결단과 행동 및 권한이양(불명료와 부적절의 해소)

시시각각 변하는 상황에 대응할 수 있는 '결단력'과 '행동력'이 중요하다. 미지의 과제를 만났을 때, 상황을 명확하게 하고 과제 해결책을 모색하는 것이 중요하다. 빠르게 결단하고 행동하기 위해서는 주위의 협력도 빠뜨릴 수 없다. 과제해결에 적합한 인재를 찾아 권한을 이양한다는 판단력도 필요하다.

---

1   예를 들면 '혈액형이 A형인 사람은 차분하고, O형인 사람은 자유분방하다', '남성은 이과계열, 여성은 문과계열이 많다'와 같이 많은 사람이 갖고 있는 고정관념이나 이미지를 말한다.

● 암중모색에 대한 선택과 집중(불관용과 불안전의 해소)

지금까지 누구도 경험해본 적 없는 과제나 프로젝트를 만났을 때 '무엇이 올바른 것인가?'는 실제로 아무도 모른다. 다양한 멤버의 장점을 살리기 위해 심리적 안전성을 확보하면서 약간의 실수나 실패에는 관용의 태도로 전향적으로 선택과 집중을 반복한다.

앞으로의 기업경영에서는 사회의 급격한 변화에 대응해가기 위해 자사(직장 전체나 종업원 개인)의 '불(不)'을 해소해가는 활동[=근로방법 개혁/불(不)의 해소 매니지먼트]을 통해 종업원이 가진 능력을 최대한 실력으로 발휘할 수 있는 직장의 환경 만들기(커리어자율 지원×조직개발 촉진)가 요구된다.

그리고 본질적이고 전사적인 SDGs · ESG경영에 하루 빨리 착수하여 지역과 업계에서 선두집단 진입(가능하면 SDGs에서 지역과 업계의 No. 1)을 목표로 하는 것이 성공으로 가는 열쇠가 될 것이다.

※ 2021년 'SDGs에 관한 기업 의식조사(데이코쿠데이터뱅크)'에서 SDGs
의 '의미와 중요성을 이해하고 실행하고 있는' 기업은 14.3%(2020년
은 8.6%)다.

'마크'를 알아보는 작업으로
라이프(일상)와 커리어(일)를 연결하다

중소기업에서 '지속가능한 조직 만들기와 SDGs · ESG경영'의 성공 여부는 종업원에게 어떻게 흥미와 관심을 갖게 하고 자율적으로 실행하게 할 것인가에 달려 있다.

거기에는 근로방법 개혁과 SDGs경영을 연결한 '불(不)의 해소 사이클'을 착실하게 돌려가는 것뿐만 아니라 라이프(일상)와 커리어(일)를 연결하는 새로운 '메커니즘'이 필요하다.

그 '메커니즘'의 하나가 SDGs에 관련된 다양한 '마크'를 알아보는 것이다. 일상생활에서 아무렇지 않게 구입하고 사용하는 상품이나 서비스의 대부분에 SDGs의 사고가 들어가 있는데, 이 느낌이 매우 중요하다.

● 레인포레스트 얼라이언스(Rainforest Alliance) 인증마크

녹색 개구리 마크는 그 인증제품 혹은 원료가 지속가능성의 세 가지 축(사회 · 경제 · 환경)의 강화로 연결되는 수법을 사용해 생산된 것을 의미한다.

스타벅스나 로손, 일본항공(국내선)의 커피, 기린[2]의 '오후의 홍차'[3] 등에 붙어 있고, 그 외에도 초콜릿 · 과일 · (꽃꽂이용) 꽃가지 · 종이 · 가구 등 다양한 상품에 표시되어 있다.

레인포레스트 얼라이언스는 국제적인 비영리단체로 생물다양성 보호와 사람들의 지속가능한 생활 확보를 사명으로 활동하고 있다.

⬛ MSC/ASC 인증마크

청색(MSC · 천연)이나 엷은 남빛(ASC · 양식) 생선 마크는 수산자원이나 해양환경을 배려하여 적절하게 관리된 지속가능한 어업을 의미한다. 이온[4]의 PB 브랜드 '톱 밸류(TOPVALU)'의 염장연어나 가라시멘타이코(辛子明太子),[5] 가시를 제거한 붉은살 생선의 조린 요리 등의 상품에 붙어 있다. 생활협동조합(COOP)에서는 예전부터 '윤리적 소비'를 추진하고 있고 신맛이 나는 갈분으로 만든 양념장을 얹은 대구 요리, 레인지에 바삭하게 튀긴 흰살 생선튀김 등의 상품에 표기되어 있다.

MSC는 Marine Stewardship Council(해양관리협의회)의 약자로 '바다의 에코라벨'로도 불린다. 앞서 나온 우스후쿠본점(109p)에서는 다

---

2   기린 베버리지주식회사(KIRIN Beverage Company, Limited). 일본의 청량음료 제조 회사

3   기린 베버리지가 1986년부터 판매하고 있는 홍차 음료. '오후의 홍차'라는 애칭으로 많은 사랑을 받고 있다.

4   이온주식회사(AEON Co., Ltd.)는 일본 지바현 지바시에 본사를 둔 일본 내외 300여 기업으로 구성되어 있는 대형유통물류회사

5   대구알을 소금 · 고추 등에 절인 것. 후쿠오카현의 특산품

이이치쇼후쿠마루(第一昭福丸)[6]가 대서양 참다랑어 어업에서 세계 최초로 인증을 취득했다.

그 외에도 지역생산 · 지역소비, 탈탄소사회, 귀뚜라미파우더와 같이 일상에서 자주 듣지만 자세하게 모르는 용어를 알아보는 작업도 활발하게 이루어지고 있다.

"이번 일요일 가족과 함께 슈퍼에 가서 마크를 찾아보자"라든지 "지금까지 의식하지 못했지만… 이 상품에도 ○○마크가 붙어 있었네"와 같은 대화가 라이프(일상)나 커리어(일)에서 나오면 절반은 성공인 셈이다.

지금까지는 경영자 · 인사 · 홍보 등의 일부 멤버만으로 'SDGs선언'을 결정했다. 이른바 '톱다운형(하향식)'으로 종업원에게 알게 함으로써 프로젝트가 좌절된 중소기업을 수많이 보아왔다.

우리가 측면 지원하고 있는 '미래 세대에게 사랑받는 회사: 지속가능한 조직 만들기와 SDGs · ESG경영'에서는 부서 · 세대 · 지위를 초월한 전원 참여로 만들어내는 '보텀업형(상향식)'이고, 'SDGs선언'이라는 메커니즘을 통해 '종업원의 커리어자율'과 '직장 전체의 조직개발'이 촉진된다. 말하자면 마케팅 발상으로 생긴 간단하고 편리하고 효과가 큰 것이 특징이다.

마크를 알아보는 작업으로는 '근로방법 개혁'과 '직장 만들기'에 관련되는 다음과 같은 것도 유효하다. 소위 ESG에서 말하는 'S-사회'에 해당하는 것이 많다.

---

6   미야기현 게센누마시의 우스후쿠본점(臼福本店)이 조업하는 원양 참다랑어 어선

● L 형태 · 플래티나L형태 인정마크(후생노동성 HP에서 발췌)

영어의 L을 본뜬 마크. 노동(Labor), 여성(Lady)의 머리글자에서 유래한다
고 한다. 'L형 인정'이란 직장생활에서 「여성의 활약 추진에 관한 법률(여성
활약추진법)」에 의거하여 일정한 기준을 충족하고 여성의 활약 촉진에 관한
상황 등이 우량한 기업을 인정하는 제도다. 또 L 형태 인정기업 중에서 더
높은 수준의 요건을 충족한 기업은 '플래티나L형태 인정'을 받을 수 있다.

● 구루민 · 플래티나구루민 인정마크(후생노동성 HP에서 발췌)

구루민 인정기업이란 후생노동성 장관에게 인정받은 '육아서포트기업'을
말한다. 구루민 인정을 받기 위해서는 종업원의 육아지원을 위한 행동계획
제정(육아와 일을 양립할 수 있는 환경정비계획)이나 실시 등과 같은 일정한 기
준이 만들어져 있으며 이 기준을 통과하면 당당하게 인정마크인 '구루민 마
크'를 획득할 수 있다.

'**SDGs워시**'를 막는 포인트는 '**역사와 이야기**'에 있다

중소기업이 SDGs를 추진하는 과정에서 특히 주의해야 할 것은 'SDGs워시'다. 이것은 전 세계에서 환경문제에 관심이 고조되기 시작한 1980년대 무렵에 나온 용어인 '그린워시(Green Wash)'에서 파생된 것이다.

당시 기업이 환경문제에 대한 실질적인 노력은 하지 않으면서도 기업 자체나 상품·서비스의 이미지 향상을 노리고 표면적으로 '환경을 배려하고 있다'는 자세를 보인 데 대해 '분칠을 해서 속인다', '겉포장만 잘한다'는 의미의 '화이트워시(white wash)'에 '환경(Green)'을 겹쳐 만든 것이다.

'SDGs워시'에는 크게 세 가지 유형이 있는데, 그중에서 ③은 앞서 언급한(107p) '근로방법 개혁'과 'SDGs경영'을 연결한 '불(주)의 해소 매니지먼트' 사이클을 계속 돌림으로써 그 일부를 예방할 수 있다.

① SDGs에 대한 실행실적이 없거나 객관적인 증명(제3자 기관의 인증, 수치적인 근거, 활동기록이나 보고서 등)이 없는데도 SDGs를 구가하는 것

② 실제 이상으로 SDGs에 노력하고 있는 것처럼 보이게 하거나 '과거 실행(종료)'이나 '미래 시행(미착수)'을 지금 실제로 시행

하고 있는 것처럼 보이게 하는 것

③ 어떤 면(예: 환경 면)에서는 적극적으로 SDGs에 노력하고 있지
만 또 다른 면(예: 사회 면)에서는 사정이 좋지 않는 일(예: 저임
금 · 장시간 노동 등)이 있다.

본질적으로는 회사의 '과거 · 현재 · 미래'가 연결되어 있는 '○○
길(모습)'에서 벗어나 있다고 정리할 수 있다.

이것은 많은 사람이 책을 구입할 때 저자 프로필을 보고 판단하
거나 연수 신청을 할 때 강사의 경력을 보고 신뢰를 보내듯이 SDGs경
영에서는 회사의 역사(과거~현재/히스토리)와 미래(현재~미래/스토리)를 동일
한 출발점(하나의 길)으로 묶는 것이 중요하다(* 영어의 history와 story는 어원이
동일).

『해야 할 일을 금방 알 수 있어! SDGs 실천 입문』(기술평론사, 2021)
의 저자이며 '사이타마시 CSR 챌린지기업' 인증제도(2012년 제정, 현
SDGs인증제도)의 CSR 체크리스트를 작성한 이즈미 요시쓰구(CSR 전도
사, 다이이치커터흥업주식회사 감사역)가 『주간도요게이자이』(2021년 7월 3일
호)에 기고한 'SDGs워시 예방 10원칙'이 이해하기 쉬워서 소개한다
(일부 발췌).

SDGs워시는 이렇게 예방하라

① 비즈니스에서 SDGs의 중요성을 전사적으로 학습한다.

② 자사의 존재 목적(존재 의의)을 명확히 해서 전사적으로 공유한다.

③ 전부를 맡기지 말고 수뇌부가 SDGs의 실행과제를 디자인한다.

④ SDGs의 실행과제를 경영계획 안에서 평가한다.

⑤ 사업을 평가하기 위한 KPP를 사전에 결정한다.

⑥ 실행상황을 기록해서 오픈 가능한 상태로 한다.

⑦ 현재 진행 중인 것과 과거 정보를 구분해서 관리한다.

⑧ 사업을 인사고과와 연계시킨다.

⑨ 사업의 계속성을 확보한다.

⑩ 사내의 SDGs 문제를 예방할 체제를 구축한다.

이러한 SDGs워시 예방 포인트는 얼핏 보면 '당연한 것'뿐이다. 하지만 이 중 하나라도 방심하면 소홀해지게 된다. 사회 과제 해결을 부탁하고 SDGs에 허위도 가식도 없이 임하는 '진정성'과 실행을 철저하게 하는 '범사에 철저함'이야말로 SDGs워시를 예방하고 비즈니스 환경의 지속가능성 실현으로 이어진다.

SNS(교류 사이트) 같은 미디어의 급속한 발달로 기업의 내부정보가 순식간에 유출되는 것이 현대사회다. 단순한 표면적(형식적)인 실행은 외부에도 쉽게 간파된다는 것을 잊어서는 안 된다.

여기서 문득 생각난 것은 "당연한 것을 당연하지 않을 정도로 계속하면 당연하지 않은 인생(어려움이 있는 인생)이 펼쳐진다"는 말인데, 바로 지속가능성이라 할 수 있다.

자사의 '존재가치'와 '강점'을 SDGs로 '다시 짓다'

초기 단계에 많은 기업이 시행하는 것이 '재고정리'다. 여기서 자 칫 저지르는 '잘못'이 '17가지 목표와 169개의 세부목표' 일람표를 만들 어 ◎ · ○ · ▲ 같은 부호를 붙이는 태그 부착작업이다. 이 일람표를 오랜 시간 보고 있으면 17가지 목표 전부를 달성하는 것이 중요하다는 착 각에 빠질 위험이 있다.

필자가 일본 전국의 50개 사가 넘는 중소기업에서 '지속가능한 조직 만들기와 SDGs · ESG경영'을 측면 지원하면서 특히 의식한 것 은 자사의 '존재가치'와 '강점'을 SDGs로 '다시 짓는(만드는)' 것이다. 구체적으로는 다음의 세 가지다.

① 17가지 목표를 망라하려 하지 말고 자사의 '존재가치'와 '강점'을 살리자.
② 회사의 역사와 미래에 대한 스토리를 연결하여 과거 · 현재 · 미래와 '길' 을 연결하자.
③ 향토기업으로서 그 지역을 소중히 여기고 '지역이 건강해지는' 미래를 그리자.

여기서 굳이 '다시 짓기'라는 단어를 사용한 것은 어머니 쪽의 친 족이 포목점을 운영했다는 점과 최근에 젊은이들 사이에서 '보자기를 활용한 SDGs', '기모노는 최고의 지속가능'이라는 다음과 같은 특징에 대한 평가가 높다는 점에 있다.

- 양복은 본(형지)에 따라 천을 재단하기 때문에 한번 옷을 지으면 복구할 수 없지만, 기모노는 천을 자르지 않고 꿰매어 재봉실을 풀면 원래 옷감으로 되돌릴 수 있다(다루마야 교조메 본점[7] HP에서 일부 발췌 · 수정).
- 기모노는 부모에서 자식으로, 자식에서 손자로 대대로 이어져가는 것. 어머니의 기모노를 딸의 혼례용 등으로 목적에 맞게 다시 짓는다. 기모노를 기모노로 다시 짓는 것은 물론 기모노를 코트 등과 같이 형태가 완전히 다른 것으로도 다시 지을 수 있다(기모노 공방 하나우사기[8] HP에서 일부 발췌 · 수정).
- 기모노의 우수한 점은 체형이 바뀌어도 다시 지으면 오랫동안 계속해서 입을 수 있다는 점이다(봉제점 후지공방 교토점 HP에서 일부 발췌 · 수정).

---

[7] 가나가와현 히라쓰카시에 있는 창업 100년 이상 된 노포 포목점
[8] 효고현 고베시에서 3대에 걸쳐 90년 이상의 역사를 가진 봉제전문점

SDGs · ESG경영이 성공으로 가는 모토는 '빠르게 · 깊게 · 멀리'

지금까지 일본 전국의 50개 사가 넘는 중소기업에서 '미래 세대에게 사랑받는 회사: 지속가능한 조직 만들기와 SDGs · ESG경영(중소기업을 위한 SDGs 비즈니스 스타트업 패키지)'을 기본으로 하면서 측면 지원을 해왔다.

각사의 업종 · 업계, 종업원 수와 평균연령, SDGs의 인지도 · 이해도 같은 속성이나 상태, 도입 경위 · 목적이 다양하고 거기에 맞춘 주문생산형으로서의 연수설계와 컨설팅을 전개하고 있다.

그중에서 SDGs의 세 가지 기능(번역 · 육성 · 연결: 168p)을 적극적이고 본질적으로 활용함으로써 경영자의 생각을 '가시화'하고, 앞으로의 사업 전개를 '언어화'할 수 있는 사원이 늘어남으로써 기대하는 인재를 '양성화'하는 일에 크게 성공한 조직에는 표 6.1과 같은 세 가지 공통 특징인 '빠르게 · 깊게 · 멀리'가 있다는 것을 알 수 있다.

혹은 'SDGs · ESG경영' 도입 추진으로 '빠르게 · 깊게 · 멀리'라는 3요소를 항상 의식하고 전개함으로써 '변화대응형 조직 · 전원참여형 조직 · 미래지향형 조직'으로의 변혁을 이루어낸 기업이 수없이 많았다.

'빠르게 · 깊게 · 멀리(변화대응형 조직 · 전원참여형 조직 · 미래지향형 조직)'를 지향한 조직개발을 전사적으로 계속 추진해나가면 그런 분위기

속에서 자연스럽게 종업원의 '커리어자율'로도 연결된다.

그 하나의 예로 최근에 미국 보스턴대학 경영대학원 더글러스 홀 교수가 1976년 제창한 '프로틴 커리어'가 주목받고 있다.

표 6.1 SDGs의 세 가지 기능을 활용한 조직의 세 가지 특징(세 가지를 의식한 추진)

빠르게	변화대응형 조직	시대 변화에 빠르게 대응. 현재 상태에서 안고 있는 '과제'가 적어 발걸음이 가볍다. 답이 없는 시대, 전례가 없는 상황이라도 '자유자재'로 움직인다.
깊게	전원참여형 조직	다양성을 살려서 대응. 경영자부터 파트타임·아르바이트까지 모든 계층과 부서가 참여하는 의식. '정답'이 아니라 '이해할 수 있는 답'을 이끌어낸다.
멀리	미래지향형 조직	대국관(大局觀)·조직 전체가 최적의 상태로 대응. 기존의 축적(can)이 아니라 미래에 있어야 할 모습(be)으로 행동. 착안 대국(着眼大局)과 착수소국(着手小局)의 양면을 구사한다.

원래 프로틴(Protean)이란 그리스신화에 등장하는 프로테우스신에서 유래한다. 프로테우스는 해신 포세이돈을 따르는 사람으로 미래를 예언하는 능력, 상황에 맞게 자유자재로 모습을 바꿀 수 있는 능력을 겸비하고 있었다.

VUCA 시대(예측 불가능한 시대)[197p]인 현재는 변화의 속도가 '빠르고 격심한' 시대이고 조직 전체로서도 종업원 개인으로서도 거기에 대응하는 힘(미래를 예견하는 힘×변화무쌍한 시대에 모습을 바꾸는 힘)이 요구된다.

이런 이야기를 하면 중소기업 경영자나 인사담당자 중에는 "커리어자율을 추진한 결과, 많은 사원들이 각성해서 독립하거나 전직하기 위해 퇴직하면 어떻게 할까요?"라고 질문하는 사람도 적지 않다.

그러나 변화가 극심한 시대에는 타사에서도 활약할 수 있는 인재나 전직 시장에서도 높은 평가를 받을 수 있는 인재가 '타사로 전직하기보다 지금의 회사에 있는 편이 앞으로도 좋은 커리어를 쌓을 수 있고 사회 과제 해결에도 공헌할 수 있다'는 적극적인 이유가 있으므로 남아서 '계속 활약해줄 수 있는' 환경을 만드는 것이 중소기업에도 요구된다.

그래서 중소기업에 유익한 것이 '근로방법 개혁×SDGs 추진' 그리고 '조직개발×커리어자율'을 모두 실현해가는 '지속가능한 조직 만들기와 SDGs · ESG경영'이다.

수년 전 종합상사에서 화제가 된 'Windows 2000' 문제는 연수입 2천만 엔 이상의 관리직이 '전직하고 싶어도 전직 시장에서 제대로 된 평가를 받지 못해 어쩔 수 없이 회사에 남았다'는 것을 가리키는데, 기업과 종업원 모두가 괴로운 상황이었다고 할 수 있다.

파나소닉이 2021년 7~8월에 희망퇴직자(근속 10년 이상)를 받았는데, 1천 명 이상의 사원이 지원했다고 한다. 이에 대해 파나소닉의 구스미 유키 사장은 10월 회견에서 "파나소닉이 크게 바뀌어간다는 설명이 불충분했다. 조금 더 확실하게 설명할 수 있었더라면 활약을 기대할 수 있었던 사람까지 퇴직하는 일은 없었다고 생각한다"고 말하여 놓치고 싶지 않은 인재까지 퇴사해버렸다는 인식을 나타냈다(2021년 10월 1일, 아사히신문 디지털기사에서 일부 발췌 · 편집).

어디까지나 외부의 추측에 지나지 않지만, 기업과 종업원 쌍방이 좋은 의미로 긴장감을 갖고 '조직개발'과 '커리어자율'을 계속 추진했더라면 '훨씬 다른 형태의 전개가 되지 않았을까'라고 생각한다. 오랫동안 일본경제를 견인해온 파나소닉(구: 마쓰시타전기산업)의 앞으로의 변혁(트랜스포메이션)을 기대한다.

'종업원 만족도 조사'×
'5개년 계획' 선언 포스터
'태스쿨Plus' 사례

　　주식회사 태스쿨Plus(본사: 아이치현 나고야시, 대표이사: 와타나베 도모히로/마쓰다 후토시)가 TBS 방송 「갓치리 먼데이(Gacchiri Monday)」[9]에 나온 것은 2017년 3월의 일이다.

　　그때의 주제는 '돈 버는 잡무 비즈니스! 로봇 대 인간'이었는데, 로봇이 사람을 대신하여 잡무를 해주는 관련 2개 회사(ABB주식회사, RPA테크놀로지주식회사)에 대해 사람이 사람을 대신하여 잡무를 해주는 기업 '임대사무실사업에 다양한 잡무를 해주는 임대사원을 추가(플러스)'한다는 내용이 소개되었다.

　　이 회사의 창업일은 2012년 4월. 'task(일)'와 school(학업)을 돕는 '태스쿨'로서 중소기업진단사[10]이기도 한 와타나베 씨(당시는 대기업 자동차 제조회사 사원이기도 했다)를 중심으로 '창업가지원'이나 '세미나운영' 사업으로 출발했다.

9　TBS TV 제작으로 매주 일요일 오전 7:30~8:00에 방송되는 생활정보 버라이어티 프로그램

10　중소기업의 경영과제에 대응하기 위한 진단과 조언을 하는 전문가로서 법률상 국가자격이다.

현재는 미에(三重)[11]근로방법개혁추진지원센터 개설(중소기업·소규모사업자 등에 대한 근로방법개혁추진지원사업)을 비롯하여 내각부·총무성·경제산업성·후생노동성과 각 도도부현, 시구정촌[12]의 관공서사업 수탁에도 주력하고 '근로방법 개혁' 등을 중심으로 한 각종 세미나 또는 연수프로그램도 기획·운영하고 있다.

이 사업에서는 각 도도부현의 사무국에 중소기업진단사나 사회보험노무사, 세무사 등을 배치하고 있고, '사업(士業)'[13] 자격증은 취득했지만 실무경험이 부족하다든지 독립하기에는 영업력에 자신이 없다는 분들의 현장 경험을 쌓는 장[불(不)의 해소]으로서의 기능도 하고 있다.

SDGs에서는 태스쿨비전2025 '상장(上場) 지향이 아니라 기분 상승! 스스로 도전해가면서 동료, 지역, 사회 도전에 공헌! 모두에게 자랑할 수 있는 회사!'로 하고 SDGs의 목표(4·5·8·9·11·17)를 도입한 포스터를 설치하고 있다.

> **POINT … 저자의 생각**

좀 더 나은 직장 만들기를 목표로 실시한 '종업원 앙케트(만족도 조사)'로 표면화된 과제에 대해 SDGs의 개념을 도입한 '5개년 계획(태스쿨비전2025)'을 정하여 선언. "직장의 '불(不)'과 사회의 '불(不)'을 동시에 해소해가자!"라는 경영자 측 의사표시와 각 사업소의 포스터 게시에 의한 두 가지 '가시화'가 핵심 포인트다.

---

11   일본의 긴키(近畿) 지방, 도카이(東海) 지방에 위치하는 미에현(三重県)을 말한다.
12   일본의 기초지방공공단체인 시(市), 구(區), 정(町), 촌(村)을 가리킨다.
13   일본에서 명칭 끝에 사(士) 자를 붙여 사용하는 직업(변호사, 사법서사 등)의 속칭

지역에 뿌리 내린 스포츠클럽이 잇는 '사람·지역·미래'

'몬테디오 야마가타' 사례

일본프로축구리그(J리그)는 1993년 발족한 이후 3년이 지난 1996년 3월, 이념을 좀 더 구체화하는 활동을 하기 위해 'J리그 100년 구상: 스포츠로 더욱 행복한 나라로'라는 슬로건을 내걸었다.

J리그에서 클럽 탄생의 역사부터 '반관반민'의 성격을 가지면서도 수많은 기본적인 사업을 착실하게 수행해 팀 성적과 운영에서 대약진을 한 것이 J2 클럽팀인 몬테디오 야마가타를 운영하는 주식회사 몬테디오 야마가타(본사: 야마가타현 덴도시, 대표이사: 아이타 겐타로)다.

아이타 사장(야마가타현 난요시 출신)은 지금까지 미토호리호크(水戸 HollyHock)[14]의 영업담당, 라쿠텐 이글스(楽天Eagles)[15]의 영업 부본부장, 빗셀 고베[16]의 전략실장 등을 역임하고 2019년 1월 몬테디오 야마가타 사장에 취임했다. 출근 첫날 '인간미 없는 조직이 지역의 스포츠클럽을 운영하고 있다'는 느낌을 받았다고 했다.

그래서 제일 먼저 시도한 일은 사장실 폐지, 사무실 안에 고정석

---

14 일본 이바라키현 미토시 외 14개 지역을 본거지로 하는 일본프로축구리그에 가맹된 프로축구클럽

15 일본 동북부 미야기현을 본거지로 하는 퍼시픽리그에 소속된 프로야구단

16 일본 효고현 고베시를 본거지로 하는 일본프로축구리그에 가맹된 프로축구클럽

없이 자신이 좋아하는 자리에서 일하는 자유로운 사무실 추진, 사물(私物)은 모두 로커(또 2개월마다 로커 이동)에 넣는 물리적인 환경 변화다. 또 '회의가 아니라 대화를 많이 늘림'으로써 사원들 사이에서 '공유하자', '지금 결정하자'는 등 사원 의식이 크게 바뀌었다.

앞으로 운동장을 갖춘 종합운동공원의 지정관리사업자로서도 경기가 있는 연도의 21일간 'SDGs 부스 설치', 연간 'SDGs 파트너와의 연대'를 포함해 남은 344일 동안 '시민의 발걸음을 옮길 수 있도록 어떻게 변화하게 할 것인가'를 고민하고 있다.

POINT ··· 저자의 생각

아이타 사장과 대화하는 중에 2019년부터 3년간 자신과 클럽팀 모두가 소중히 여겨온 '가치'는 '건전×공동창조×자연'에 있다고 느꼈다.

몬테디오 야마가타가 사회 과제를 해결해가는 플랫폼으로서 '사람을 이어주고 지역과 연결되고 미래로 연결하는' 역할을 본격적으로 담당해나가는 것이야말로 진정한 SDGs라고 할 수 있다.

그렇게 반복함으로써 '야마가타현에서 가장 취직하고 싶고 계속 일하고 싶은 회사'라는 목표에 도달하는 것도 그리 멀지 않았다고 할 수 있다.

'로컬 · 로텍 · 로임팩트'로
지역의 매력을 잇다
'시만토드라마' 사례

현재 일본 전역에서 그 지역의 6차 산업화나 관광 진흥을 꾀하는 '지역상사'와 'DMC(Destination Management Company)'가 늘어나고 있다. 그 선구적인 역할을 하고 있는 것이 주식회사 시만토(四万十)[17]드라마 (본사: 고치현 다카오카군, 대표이사: 아제치 리쇼)다.

이 회사는 1994년 시만토강 중류 유역의 구(舊) 1정 2촌[다이쇼정 (大正町), 도와촌(十和村), 니시도사촌(西土佐村)]에 의해 '새로운 지역부흥(산업 창출)'을 목적으로 설립된 제3 섹터(부서)로, 당시 농협을 그만둔 지 얼마 되지 않은 아제치 씨가 사원에 응모하여 사원 1명+임시직원 1명으로 사업을 시작했다.

그 후 2005년 정촌의 합병에 의해 정촌이 보유하고 있던 주식을 지역주민이 매수하는 형태로 완전히 민영화되고 아제치 씨가 대표이사로 취임했다.

시만토드라마는 처음부터 '시만토강에 부담을 주지 않는 물건 만들기×시만토강에서 새로운 가치관을 만들어내자'라는 모토하에 이른 단계부터 '로컬 · 로텍(low-tec) · 로임팩트(low-impact)'를 소중히 함으

17 고치현 남서부에 있는 지명

로써 오늘날의 SDGs로 연결되는 사업을 다양하게 실행하고 있다.

예를 들면 1997년에 출시한 '시만토 노송나무 욕조'는 목재가 아니라 '향기'에 가치를 둔 것이다. 버려져 있던 노송나무를 간벌하여 베어낸 목재나 어중간한 크기의 나무토막을 10cm 단위로 잘라 거기에 천연 노송나무 오일을 깊이 스며들게 하여 만든 입욕제가 인기를 얻고 있다.

또 2002년에는 오래된 신문을 활용한 '시만토 신문가방'을 발매했다. 이것은 디자이너 겸 프로듀서이기도 한 우메바라 마코토가 "마지막 청류라고 일컬어지는 시만토에서 채소나 특산품을 비닐봉지에 담는 것은 어울리지 않는다. 앞으로는 오래된 신문으로 포장하자"라는 제안에 그 지역 주부의 아이디어가 더해져 탄생했다. 그 '발상'과 '포장 방법'은 당시 해외에서도 큰 호응을 얻었다.

POINT ··· 저자의 생각

희소가치가 있는 당근고구마로 만든 과자 '히가시야마' 등 수많은 지역 소재를 활용한 상품의 '영업·판매 → 생산·농업'을 강화해온 시만토 드라마. 그 결과 밀려드는 주문에 제조·가공이 따라가지 못하여 2021년 5월 15일에는 '시만토산 밤 공장'을 만들었다. 수년 전부터 연간 300kg이던 당근고구마 생산량이 지금은 20t을 넘었고, 100t도 생산할 여력이 있다는 데 놀라울 따름이다.

또 앞서 소개한(149p) 이나카파이프의 사사쿠라를 고치현으로 돌아올 계기를 만든 사람은 다름 아닌 아제치 사장이다.

창업 127년의 '역사'와
장제업의 '미래'를 잇는 SDGs선언
'누마자와' 사례

조간 『야마가타신문』(2021년 9월 25일자) 1면 광고에 'SDGs선언'을 게재한 것은 신조모가미[18] 지역에서 '종합복지서비스사업(장제업[19]과 돌봄 서비스 사업)'을 하는 주식회사 누마자와(본사: 야마가타현 신조시, 대표이사: 누마자와 고이치)다.

2022년 현재 창업 127년을 맞이한 전통 있는 이 회사는 메이지(明治) 시대인 1895년 청과물 도매상으로 생업을 시작하여 메이지·다이쇼(大正)[20]를 지나 쇼와(昭和)[21]가 되고 나서 '장제업'을 시작했다.

헤이세이(平成)[22]에 들어와 장제 서비스의 확충을 기하기 위해 3개의 장례식장을 갖추어 지역사회 공헌과 사회 과제 해결을 목표로 '복지사업(돌봄 서비스 사업)'도 시작했다.

2020년 4월 장제업으로는 3대째 사장으로 이 회사를 이어받은

---

18   야마가타현 동북부에 있는 지명

19   장의와 제사 관련 일을 하는 사업. 장의만 할 경우는 '장의업'이라고 한다.

20   메이지는 1868년부터 1912년까지 사용된 연호이고, 다이쇼는 1912년 7월 30일부터 1926년 12월 25일까지 사용된 연호

21   1926년 12월 25일부터 1989년 1월 7일까지 사용된 연호

22   1989년 1월 8일부터 2019년 4월 30일까지 사용된 연호

누마자와 고이치 사장은 지역과 함께 나아가는 자세를 중요시하고 문화·예술·음악을 중심으로 한 '메세나[23] 활동' 같은 지역공헌사업도 적극적으로 전개하고 있다.

2021년 6월부터 SDGs 추진에도 힘써 외부 강사를 초빙하여 SDGs 관련 연구회뿐만 아니라 사내에 SDGs 추진위원회를 설치하는 등 SDGs 관련 사업을 적극적으로 전개하고 있다.

사실 『야마가타신문』의 취재를 받았을 때(2020년 10월 11일 조간에 기사 게재) 누마자와 사장은 "현재 사내에서 실천하고 있는 것을 단순히 SDGs에 적용시켰을 뿐이다"라고 말해 본질적인 SDGs와는 다른 불명확한 느낌을 갖고 있었던 것처럼 보였다.

그래서 누마자와 사장은 필자가 강사를 맡은 경영자를 위한 세미나 '돈 버는 회사로 바꾸다! SDGs경영'(2021년 7월 20일 개최/주최: 일본경영합리화협회/120p)을 수강했다.

'사내와 사회 과제 해결 「불(不)의 해소 사이클」'과 'SDGs를 활용한 「가시화×언어화×양성화」' 등을 이해하고, 그 후 임원을 포함한 전 종업원을 대상으로 실시한 '지역과 경영과제의 앙케트'도 참고하여 해결을 위한 구체적인 활동 내용을 기술한 'SDGs선언'을 정리했다.

POINT ⋯ 저자의 생각

광고 지면에서는 25명 전원이 각자 '시작하자, 지역의 미래로~ 누마자와 SDGs'라는 문자를 웃는 얼굴로 연결하고 있다.

이번 'SDGs선언'을 통해 신조모가미 지역, 그리고 야마가타현 전역

---

23   프랑스어로 '예술문화지원'이라는 의미

에서 '빠르게 · 깊게 · 멀리(변화대응형 · 전원참여형 · 미래지향형)'의 실천 행동이 이루어지기를 기대한다.

강사로서 더없는 행복을 맛본다는 것은 바로 이런 것을 의미한다.

'100년 기업의 취업규칙'을 디자인해 '불균형'을 없애다
'100년기업연구회' 사례

2017년 홋카이도에서 오키나와까지 일본 전역의 사회보험노무사 53명이 참가하여 설립된 '100년기업연구회'(운영처: 오사카부 오사카시, 주식회사 포조하프)는 한 달에 한 번 열리는 연구회에서 장수기업에 대해 조사·분석하고 있다.

이 연구회의 주임연구원(특정사회보험노무사) 히비노 다이스케는 "100년 기업에는 공통된 메커니즘(디자인)이 있고, 사람과 사회를 행복하게 만드는 예지가 있다"고 말하고, 지금까지 일본 각지에서 암묵지적으로 산재되어 있던 노하우(말하자면 '불균형')를 사회보험노무사가 체계적으로 집약하고 취업규칙을 통해 가시화함으로써 일본의 중소기업이 안고 있는 후계자 부족, 사업승계라는 사회 과제에 대한 해결의 실마리를 찾고 있다.

'100년 기업의 취업규칙'에는 '100년을 넘은 기업(대대로 이어져온 기업)'과 '30~50년 사이에 사업승계를 한 번 성공한 기업(창업자가 살아 있는 경우가 많다)'의 연구에 기초한 2개의 디자인(사업계속과 사업승계)이 담겨 있고, 기업이 100년 지속되는 비밀을 다음과 같이 분명하게 밝히고 있다.

A: 이익을 계속 낸다

① 매출을 계속해서 올린다(고객의 지지를 받는 상품 만들기와 이노베이션, 마케팅 의식, 브랜드 유지).

② 비용을 억제한다(검약 · 효율화의 메커니즘 권유, 적정한 사업구조, 채산 의식 공유).

B: 무너지지 않는 구조

③ 종업원의 사랑을 받는 구조(가족주의 철학, 가족이 되는 구조, 인생과 생활을 유지하는 급여제도)

④ 고객 · 거래처 · 지역의 사랑을 받는다(고객을 소중히 한다, 거래처와의 신뢰를 지킨다, 지역에 공헌, 지역과 종업원 교육).

C: 장수기업의 마이너스 측면에 대한 경계

⑤ 상품 특성에 맞는 시장 규모인 '분수를 아는 것', 조직 경직화 대응, 부정에 대한 자정작용

POINT … 저자의 생각

필자의 인생에서 입사 때를 제외하고 '취업규칙'을 의식한 기억이 없었다. '100년 기업의 취업규칙'의 양면으로 펼쳐보는 왼쪽 페이지에는 조문(구체적인 규칙 · 정책)이 기술되어 있고, 오른쪽에 그 정책의 제정 배경 · 생각 · 운용의 핵심이 언급되어 있어서 사랑을 느낄 수 있다. 이러한

'히스토리(과거~현재)'와 '스토리(현재~미래)', 그리고 경영자-종업원-사회보험노무사가 연결된 디자인이야말로 일본의 자부심이라고도 할 수 있다.

6장 칼럼
드림플랜으로 사회 과제 해결
'메다카 패밀리'와 '채리티 산타'

우리가 2011년부터 주최하고 운영한 '드림플랜·프레젠테이션오키나와대회'는 창업가와 학생, 기업의 차세대 리더 등이 '이상적인 사회실현을 위한 사업플랜'을 프레젠테이션한 것인데, 이것이 바로 SDGs(본업에서 사회 과제 해결)에 관한 내용이다.

이 드림플랜은 주식회사 앤트러프러너센터(Entrepreneur Center)[본사: 도쿄도 주오구, 대표이사: 후쿠시마 마사노부]를 본부로 하여 다양한 형태로 개최되고 있다. 이 칼럼에서는 일본 전역의 수많은 드림플랜 동료의 시도 중에서 두 가지를 소개한다.

■ 메다카 패밀리(medaka-family) 사례

'미야자키히무카 드림플랜'을 기획·운영하는 주식회사 패밀리그룹(본사: 미야자키현 노베오카시, 대표이사: 오시카와 다카시)은 장애복지서비스사업을 전개하고 취업지원사업소를 운영하는 것 외에도 음식업으로 규슈 빵케이크(73p 참조)의 지역창생형 FC모델 점포로 '규슈 빵케이크 카페 휴가토고점(日向東郷店)'(장애인도 일할 수 있다)을 운영하고 있다.

원래 진학계 사립초등학교 교원이던 오시카와 사장은 휴가를 받을 수 없어 아이 출산에 함께할 수 없었던 직장에 회의를 갖고 작심하고 창업했다.

최근에는 '메다카의 리스업'을 시작했고, 주식회사 닛포(본사: 미야자키현 히가시우스키군, 대표이사: 요시나가 쇼지)와 공동으로 '미야자키 코로나 버스터즈(CORONA BUSTERS)'를 결성하여 미야자키현 북부에서 코로나19 예방과 사후 소독을 하고 있다. 궁극적으로는 '유(幼)·보(保)·장(障)·노(老)'[24] 일체형 시설 만들기를 지향하는 '메다카 패밀리'의 움직임에 눈을 뗄 수 없다.

🔳 채리티 산타(Charity Santa) 사례

"당신도 누군가의 산타클로스"라는 표어로 '산타를 기다리는 아이'와 '산타가 되는 어른·기업'을 연결하는 역할이 NPO법인 채리티 산타(본부: 도쿄도 지요다구, 대표이사: 기요스케 나쓰키)다. 2008년부터 활동을 시작한 일본 특유의 산타클로스 단체로 지금까지 선물을 배달한 아동 수는 약 4만 명, 빈곤·생계곤란가정에 대한 지원은 3천 가정 이상, 자원봉사자로 참가한 산타는 1만 8천 명에 이른다.

현재는 47개 도도부현 중 30개 도도부현에서 활동을 전개하고 있고, 2026년까지 모든 도도부현에서의 활동을 목표로 하고 있다. 산타클로스가 되기 위한 충실한 트레이닝 프로그램도 있고, 그 외에 그림책을 보내는 '북 산타'라는 것도 있다.

올해 크리스마스에는 '당신도 누군가의 산타클로스'가 되어보면 어떨까?

---

24   유(幼)는 유아, 보(保)는 보육원 아이, 장(障)은 장애인, 노(老)는 노인의 약자

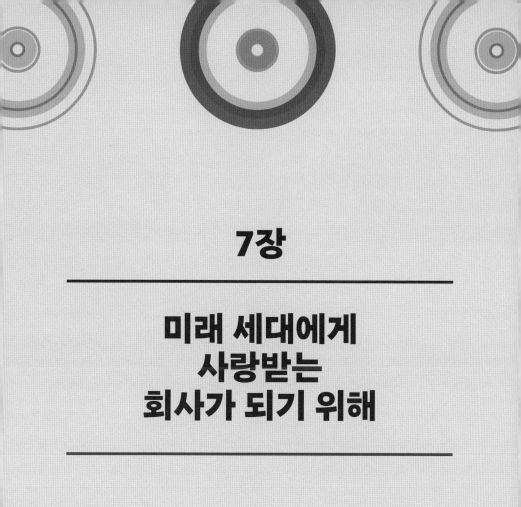

7장

미래 세대에게
사랑받는
회사가 되기 위해

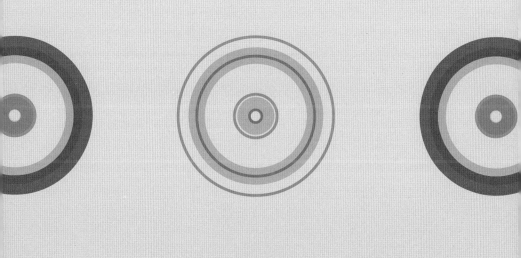

앞으로의 기업이 맡아야 할 '공조'의 역할이란?

메이지대학 노다 교수는 "자조(自助)·공조(共助)·공조(公助)[1] 중에서 앞으로의 기업은 두 번째 공조 역할을 적극적으로 맡아야 한다"고 말한다.

중소기업이 SDGs에 임하는 이유와 대의명분에 관해 이 정도로 정확히 과거 역사나 시대 배경, 현재의 경영, 지구환경 등을 파악한 표현은 없다고 생각한다.

노다 교수는 게이오기주쿠대학 다카하시 교수와 전 도큐홀딩스 회장 우메하라 이치고와 더불어 필자에게 커다란 영향을 준 사람이고 조직개발과 커리어자율 전문가다.

'자조·공조·공조'는 1990년대에 나온 말(의회 질문 등에서도 같은 무렵에 등장)이라고 하며, 주로 자연재해에 관한 영역에서 쓰이고 있었다.

그러다가 제203회 정기국회에서 스가 요시히데 수상(당시)의 소신 표명 연설에서 다음과 같은 형태로 등장한다.

---

[1] 공조(共助)는 여럿이 함께 도와주는 것을 의미하고, 공조(公助)는 시청이나 소방서, 경찰에 의한 구조 활동이나 지원물자 제공 같은 공적 지원을 의미한다.

> 내가 지향하는 사회상은 '자조 · 공조 · 공조' 그리고 '유대(인연)'다. 스스로
> 할 수 있는 일은 우선 스스로 해본다. 그리고 가족, 지역과 서로 협력한다.
> 거기에 정부가 안전망(safety net)으로 보호한다. 국민으로부터 신뢰받는 그
> 런 정부를 지향하겠다.

이것이 계기가 되어 자연재해뿐만 아니라 코로나19 대책이나 사회보장과도 관련되는 말로 다시 주목받게 되었다. 여기서 커다란 변화(재해 · 사고 · 전염병 · 사회보장 · 경제 등)가 발생했을 때의 '자조 · 공조 · 공조'에 관해 다시 정리하면 다음과 같다.

- 자조(自助)[큰 변화가 발생했을 때]: 우선 스스로 자신의 몸(가족도 포함)을 지키는 것
- 공조(共助)[큰 변화가 발생했을 때]: 지역과 커뮤니티 등 주변 사람들이 협력해서 서로 돕는 것
- 공조(公助)[큰 변화가 발생했을 때]: 국가 · 도도부현 · 시구정촌, 경찰 · 소방 · 자위대 등과 같은 공적 기관에 의한 원조

여기서 '공조(共助)'라고 하면 많은 사람이 개인이나 NPO, 지원단체 등의 '자원봉사자'를 상상할 것이라고 생각한다.

실제로 필자도 1995년 효고현 고베시에서 한신대지진을 경험했으며, 그 후 많은 자원봉사자의 도움을 받았다. 또 2011년 동일본대지진 때는 그다음 해 복구지원활동의 일환으로 미야기현 게센누마 등을 방문했다.

이번 신형코로나바이러스(미지의 바이러스)에 관한 다양한 대응을 돌아보면 수많은 민간 기업이 적극적으로 '공조(共助)' 역할을 해왔다고 생각되며, 이것이 바로 전대미문의 '사회 과제'에 대한 '해결'을 시도한 것이다.

자조·공조·공조 중에서 앞으로의 기업은 공조(共助)의 역할을 적극적으로 맡아야 한다는 말은 변화가 극심한 시대(예측 가능성과 관리 가능성의 급격한 저하)에 대응하는 기업의 모습을 나타내며, 그것이 바로 SDGs라고 할 수 있다.

기업이 공조(共助)를 추진하기 위해서는 조직 전체와 종업원 개개인의 '본질적인 사고', '커리어자율', '프로페셔널 리더'라는 요소를 빠뜨릴 수 없고, 거기에는 표 7.1에서 볼 수 있는 것처럼 '의욕이 넘치는 회사'를 이상으로 하는 '조직개발'이 중요하다고 노다 교수는 말한다.

표 7.1 기업의 발자취와 인재 매니지먼트의 변화

제1세대 (종전~오일쇼크)	강한 회사	사원은 부품이다 – 단순작업과 루틴워크(정해진 업무)
제2세대 (오일쇼크~현재)	현명한 회사	사원은 기능이다 – 지식노동과 루틴워크 * 제1세대적인 워크도 남는다
제3세대 (2000년경부터 서서히)	의욕이 넘치는 회사	사원은 창조자다 – 지식창조와 논루틴워크 * 제1·제2세대적인 워크도 남는다

* 『実はおもしろい経営戦略の話』(野田 稔、SBクリエイティブ) 기본으로 한 노다 씨의 강의 자료를 바탕으로 필자 작성

또 '본질적 사고'란 '도대체 무엇 때문에?', '가장 중요한 것은?', '그것은 누가 좋아할까?', '나는 어떻게 살고 싶은가?'라고 끊임없이 질문함으로써 사물의 배후에 있는 '본질'을 찾아내어 이치에 맞는 수많

은 답을 도출할 수 있는 습관을 가리킨다고 생각한다.

더욱이 노다 교수는 자신과 동료를 함께 성장시키고 조직을 더욱 효과적으로 기능하게 하는 역할을 맡는 '프로페셔널 리더'를 양성하기 위해서는 '자주·자율의 풍토 만들기', '심리적 안전성 확보', '구성원의 성숙도 향상'이라는 세 가지를 의식한 조직개발이 중요하다고 역설한다. 간단히 말하면 조직도 종업원도 '의욕이 넘치는 인간이 된다'는 것으로 정리할 수 있다.

'커리어 디자인'에서 '라이프 디자인'으로

'라이프 디자인'과 '커리어 디자인'에 관한 생각은 지금부터 14년 전인 2008년 우메하라 이치고 씨(전 도큐호텔즈 대표이사/NPO법인 THE F·U·N 이사장)가 가르쳐준 것이다. 굳이 '씨'를 붙여 부르는 것은 이퀄 파트너(대등한 관계의 협력)를 중시하는 우메하라 씨의 가르침이기도 하다.

우메하라 씨는 요코하마국립대학을 졸업한 후 1965년 도큐전철(東急電鉄)[2]에 입사했으며, 미국 서해안에서 도시계획과 지역개발에 종사하고 팬퍼시픽호텔과 도큐호텔즈 사장 등을 역임했다. 말하자면 '하드'와 '소프트' 양쪽의 노하우와 경험을 두루 거친 인재로, 현재는 그 경험을 살려 후진 육성에 진력하고 있다.

그의 가르침 중에서도 특히 마음에 인상 깊게 남아 있는 것은 '사람을 키우는 조직의 조건' 과 '라이프 디자인과 커리어 디자인'에 관한 사고방식이다.

---

2   도쿄도 남서부에서 가나가와현 동부에 있는 노선으로 철도·궤도사업을 주로 하는 회사

◼ 사람을 키우는 조직의 조건

'부드러운 문화이면서 지속가능한 조직일 것'과 '지역사회에 우호적이고 매력적인 조직일 것' 이 두 가지를 '사람을 키우는 조직의 조건'으로 들고 있다.

'부드러운 문화'란 다양한 사람을 받아들이는 유연성과 세상 변화에 대응할 수 있는 유연성을 가진 조직문화를 의식하며 키우는(조직문화를 디자인하는) 것을 말하는데, 그 결과 지속가능성이 높은 조직이 된다.

그렇게 되면 '사원이 오랫동안 일한다(정착률이 높다)', '고객과 오랫동안 접촉할 수 있다(리피트율이 높다)', '고객에게 오랫동안 사랑받는다(수명이 긴 상품·서비스/long seller)'로 연결되고 조직에 '사람을 키울' 여유가 생김을 시사한다.

또 '지역사회에 우호적'이란 지역 초·중학교의 직장견학이나 직업인 특강에 대한 협력, 고등학생·대학생의 인턴십 수용에 적극적인 것을 가리키는데, 호텔이면 지역의 농수산물을 매입하거나 지역 인력을 고용함으로써 지역을 동경하게 되는 존재(=매력적인 조직)가 되는 것을 의미한다.

결과적으로 수많은 지역주민과의 관계 속에서 '사람이 성장하는' 상태가 된다는 것을 전하고 있다.

◼ 라이프 디자인과 커리어 디자인

'라이프 디자인과 커리어 디자인'에 관한 견해는 우메하라 씨의 가르침을 바탕으로 필자 나름의 경험도 섞어가면서 다음의 세 가지 요점을 중심으로 기술해보겠다.

> ① 라이프(인생) 안에 커리어(일)가 내포(라이프의 일부)된다.
> ② 라이프(인생)를 충실하게 하는 수단의 하나가 커리어다.
> ③ 라이프(인생)와 커리어(일)의 비율은 사람과 시기에 따라 제각각이다.

　　라이프 디자인과 커리어 디자인은 라이프(인생)와 커리어(일)를 나누는 것이 아니라 예를 들면 '하루 24시간 내역'처럼 파악하면 간단하게 이해할 수 있다. 그 기준은 '시간', '기분', '정열'로 생각할 수 있는데, 사람마다 제각기 다르다.

　　그림 7.1 중앙의 〈B〉는 필자의 회사원 시절의 이미지다. 실제로는 첫 번째 회사인 HIS(여행)도 두 번째 회사인 비프리소프트(IT)도 벤처 기업이어서 〈A〉에 가까웠으나 여기서는 〈B〉로 한다.

　　하루 24시간 중 8시간의 수면과 다음 8시간을 커리어(일), 나머지 8시간을 라이프(인생)로 하고, 일 외에는 취미 활동을 하거나 가족과 시간을 보낸다.

　　그 후 실제로 독립·창업('돈을 주고서라도 하고 싶은 일'×'그 방면의 프로가 되려고 하는 것')을 해보면 보는 것 전부가 일에 도움이 될 것 같은 느낌이 들어(매출로 연결되도록 해야 한다는 강박관념도 있다) 문자 그대로 24시간 일만 생각하게 된다. 이것은 전력을 다한 〈A〉의 상태라고 할 수 있다.

　　또 최근에는 자신의 스타일도 확립되어 마음먹은 대로 할 수 있는 상태여서 라이프(인생)도 커리어(일)도 서로 섞여 좋은 느낌으로 안정된 〈A〉의 상태라고 할 수 있다.

　　현재 필자는 〈C〉의 상태를 그다지 경험하지 않았지만, 예를 들면 산전산후 휴가나 육아휴가 중인 사람, 가족을 돌보는 사람, 다음 단계를 위해 대학원에 다니는 사람, 지역의 사회공헌활동에 활약하고 있는 사람, 병을 치유해가면서 일하고 있는 사람 등 다양하다.

이러한 '라이프 디자인과 커리어 디자인' 사고방식에서는 〈A〉이든 〈B〉든 〈C〉든 누구나 언제 어떤 상태나 선택이라도 존중되고 활약할 수 있는 사회를 실현해가는 것이 요구된다.

다가올 시대에 그 역할을 해나가는 것이 '공조(共助)'의 주체인 기업이다. 특히 지역사회에서는 중소기업이 종업원의 라이프 디자인(인생)의 충실함과 성공을 바라고, 커리어 디자인(일)에서 프로페셔널 리더를 육성해갈 조직 만들기를 해나가는 것이 중요하다고 생각한다. 이것은 지금까지의 '**ES**(종업원 만족, Employee Satisfaction)'에서 '제2의 ES(종업원의 성공, Employee Sucess)'로의 가치관 변화로도 연결된다.

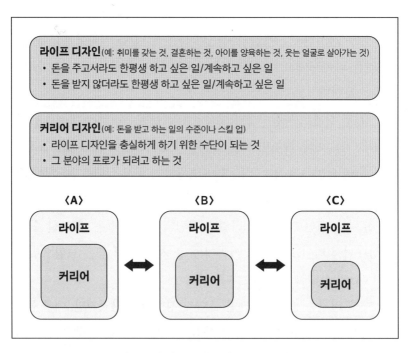

그림 7.1 라이프 디자인과 커리어 디자인

이야기의 취지를 'SDGs · ESG경영'으로 다시 돌려본다. '라이프 디자인(인생)'의 정의에서 '돈을 받지 않아도 한평생 하고 싶은 일, 계속하고 싶은 일'은 바로 '자기 자신, 자녀와 손자(녀)[친척 포함] 같은 미래 세대를 위해 더 나은 지역사회와 지구환경을 남겨주고 싶다'는 것으로 '누구나' 가질 것이라는 생각에 이르게 된다.

'커리어 디자인'은 라이프 디자인을 충실하게 하기 위한 수단이 되는 것, 즉 '더 나은 지역사회와 지구환경을 남기기 위해 기업이 수단이 되는 것'이라고 바꾸어 말할 수 있다.

말하자면 중소기업이 'SDGs · ESG경영(본업을 통해 사회 과제 해결)'을 회사 전체가 하나가 되어 실행하는 것은 종업원 각자의 라이프 디자인(인생)의 충실함과 성공으로 이어지고, 그 과정에서 얻을 수 있는 새로운 지식과 경험, 성장은 커리어 디자인(일)의 프로페셔널 리더화를 추진하는 것으로도 연결된다.

이렇게 당시를 회고하면서 글을 쓰다 보니 14년 전 '미래 세대에게 사랑받는 회사: 지속가능한 조직 만들기와 SDGs · ESG경영'으로 통하는 모습을 우메하라 씨로부터 친절하게 직접 가르침을 받았던 것을 감개무량하게 생각한다.

'ESD'에서 'SDGs'로
오카야마 모델로 지역과 세계를 잇다

오카야마현[3]이라 하면 제일 먼저 떠오르는 이미지는 '복숭아에서 태어난 모모타로[4]와 기비단고[5]!(모모타로의 전설에서)', '과일 왕국! 시미즈 백도,[6] 머스캣 포도, 피오네[7]는 생산량 전국 1위!(오카야마현 농림수산부 자료에서)', '청명한 지역! 연간강수량 1mm 미만 일수가 276.7일(기상청: 통계 기간 1991~2020년 자료에서)'이 대표적이지 않을까?

거기에 '세계에 자랑한다! ESD 선진도시! 오카야마'를 추가해주기 바란다. ESD란 '지속가능한 개발을 위한 교육(Education for Sustainable Development)'(39p 참조)을 말하는데, 2002년 12월 UN총회 본회의에서 2005년부터 10년간을 'UN 지속가능한 개발을 위한 교육의 10년 (UNDESD, UN ESD의 10년)'으로 하는 결의안이 채택되었고 유네스코(유엔교육과학문화기구)가 ESD의 주도기관으로 지명되었다.

사실 ESD를 전 세계에 제창한 것은 일본 정부 및 NGO다(2002년 8~9

---

3   일본 주고쿠(中国) 지방에 있는 현. 현청 소재지는 오카야마시

4   일본 전래동화의 하나. 복숭아 열매에서 태어난 남자아이 이름이 모모타로(桃太郎)

5   떡과자의 일종으로 오카야마시의 명과. 예전에 '기비노구니(吉備国)'로 불린 오카야마현의 토산품

6   복숭아의 본거지인 오카야마 안에서도 최고의 풍미를 자랑하는 백도

7   흑포도의 일종으로 '개척자'라는 의미의 이탈리아어에서 유래한다.

월 요하네스버그 정상회의/지속가능한 개발에 관한 세계정상회의에서).

또 그와 함께 개최된 '지속가능한 미래를 위한 교육: 행동, 서약, 파트너십'(주최: 유네스코)에서 그 선진적인 방안이 인정되어 당시 오카야마 시장 하기와라 세지의 대역으로 '오카야마시 환경 파트너십 사업' 보고 및 전 세계에 제안한 사람이 이케다 미쓰유키(현: 오카야마시 교야마 지구 ESD·SDGs 추진협의회 회장, 오카야마유네스코협회 회장)다. 그때의 보고와 제안 내용에 관해서는 「환경 파트너십 사업 뉴스레터」(제4호: 2002년 9월 17일 발행)에 다음과 같이 쓰여 있다.

> 발표 내용은 오카야마시 환경 파트너십 사업의 '개요 설명', '구체적인 활동 사례 소개(15개 사례 소개)', '앞으로의 방안과 전 세계를 향한 제안'이다. 이 중에서 오카야마시는 "이 사업의 참가자를 수년 내로 현재의 2%(시의 총인구 대비)에서 5%로 늘리고 싶다"고 하고, 전 세계를 향해 "오카야마시에서 추진하고 있는 환경 파트너십 사업 방안을 전 세계로 확대하기 위해 '지구를 지키는 시민의 등록 수'를 경쟁하게 하여 세계 총인구의 5%(약 3억 1천만 명)가 환경 파트너십 사업에 참가하도록 하자"고 제안했다.

이러한 일련의 움직임 속에서 2005년 4월 오카야먀 시청에 '오카야마ESD추진협의회'(협의회 사무국원은 시 직원)를 설치하고 '오카야마 ESD프로젝트 기본구상'이 결정되었다.

사무국 운영은 오카야마시가 담당(네트워크 만들기)하지만, 실질적인 활동은 시민단체가 중심이 되고 지역이 주체가 되어 다양하게 전개해나갔다.

처음에는 19개 단체가 참가하여 설립된 오카야마ESD추진협의회는 2021년 12월 현재 대학, NPO, 공민관, 기업 등 336개 단체가 참가하여 '사회공헌활동(지역사회의 과제 해결)' 네트워크로서는 일본 전국에서 톱클래스 규모다.

또 2005년에는 오카야마 시역이 UN대학에 의해 세계 최초로 인정된 'ESD에 관한 지역 거점(Regional Centres of Expertise on ESD)' 7개 지역 중의 하나로 선정되어 시내 학교, 공민관, 시민단체, 기업, 행정 등이 완만하게 연결되어 있다.

그 후 일본에서 2014년 11월 '지속가능한 개발을 위한 교육(ESD)에 관한 유네스코세계회의'가 개최되었고, 이때 아이치현 나고야시에서는 각료급 회의 및 전체를 정리하는 회의, 오카야마현 오카야마시에서는 다음과 같은 이해관계자 회의 등이 열렸다.

- ESD에 관한 지역거점(RCE: Regional Centres of Expertise on ESD) 회의
  참가자: 세계 각국의 ESD 실천자 272명
- 유네스코스쿨 세계대회 내 고교생 포럼
  참가자: 해외 31개국에서 31개 팀, 일본 9개 팀에서 약 200명의 고교생
- 유네스코스쿨 세계대회 내 교원 포럼
  참가자: 고교생 포럼 인솔교원 40명
- 유네스코스쿨 세계대회 내 전국대회
  참가자: 국내외 유네스코스쿨 교원 등 1천 명 정도
- 유네스코ESD 유스 콘퍼런스(Youth Conference)
  참가자: 세계 각국 18~25세의 ESD 실천자 등 50명
- ESD 추진을 위한 공민관 CLC(Community Learning Center) 국제회의
  참가자: 29개국의 공민관, CLC 관계자, NPO 등 민간단체, 연구자, 기업 등 681명

오카야마시 시민협동국 시민협동부 SDGs · ESD추진과에 근무하는 이와타 히로히사 과장에 의하면 이를 계기로 '오카야마 지역 전체에서 ESD의 중요성과 가능성에 대한 인식'과 'ESD라면 오카야마!'라는 전 세계의 공통인식이 높아져 이후의 ESD 추진에 꽤 도움이 되었다고 한다.

'오카야마ESD추진협의회'는 그 후에도 공민관이나 유네스코스쿨을 비롯한 학교를 거점으로 한 지역 커뮤니티에서 사업을 진행했다.

예를 들면 오카야마시 전체 중학교 37개 통학구역에 있는 공민관에 사회교육 주사라는 자격을 가진 정규직원을 ESD코디네이터로 배치한다는 것이다.

그 외에도 다양한 이해관계자와의 협동, 행정과 대학의 지속적인 지원 등과 같은 메커니즘을 만들어 '하드(공민관 · 학교)×소프트(ESD 코디네이터)×네트워크(협의회)'로 구성되는 '오카야마 모델'을 구축했다.

'오카야마 모델'의 핵심은 오카야마시가 어디까지나 협의회 참가 단체의 하나로 '지속가능한 개발을 위한 교육 추진에 관한 조례'에 따라 지자체 전체가 ESD를 추진하는 홀 시티 어프로치를 뒷받침하는 데 있다고 할 수 있다.

2005년부터 나타난 오카야마시 전체의 ESD 효과(성공사례 등)에 관해 이 책에서는 이와타 과장(오카야마시 SDGs · ESD추진과)이 꼽은 사례를 소개한다.

● **절멸위기종인 아유모도키(Parabotia curtus) 보호활동인가, 농업 근대화인가?**

이것은 바로 SDGs에서 말하는 '환경보호인지 경제발전인지 두 가지 중 하나를 택하는 대립구조' 같은 것으로 실제로 오카야마시 다카야마지구에서는 '절멸위기종인 아유모도키의 보호활동을 바라는 사람들'과 '농업의 근대화와 농지의 도시화를 바라는 사람들' 간의 대립이 생겼다고 한다.

'아유모도키'란 모양이 은어와 유사한 데서 이러한 이름이 붙여진 담수어[잉어목 아유모도키(Parabotia curtus)과]로 하천의 중·하류 유역의 본류 및 지류, 하천과 연결된 밭·수로(용수로)에 서식한다. 환경성 HP에 의하면 비와호(琵琶湖)[8]·요도가와수계(淀川水系)[9]와 오카야마현의 여러 하천에 자연 분포(절멸위기 IA류: 환경성 제4차 레드리스트[10])하고 있다.

오카야마는 옛날부터 풍부한 수량과 좋은 기후로 농업이 번성하고 간척으로 생긴 평야에 용수로가 만들어져 논을 중심으로 농가와 생물이 공존·공영해왔다고 한다. 또 담수어의 종류가 풍부한 것도 전문가들 사이에서 유명하다.

그러나 농지의 택지화·상업화에 더해 농가의 고령화·감소화가 겹쳐 생산성 향상을 위한 논 주위의 용수로를 콘크리트화하는 일이 진행되고 있었다.

그 결과 아유모도키를 비롯한 생물다양성이 사라지고 관계자들 사이에서 오랫동안 '환경보호 혹은 경제발전'이라는 양자 대립이 있었다고 한다.

그러던 중 초등학교의 ESD 활동을 계기로 공민관과 학교가 중심적인 코디네이터 역할을 하여 '절멸위기종인 아유모도키의 보호활동

---

8   시가현(滋賀県)에 있는 일본 최대 담수호

9   미에(三重), 시가(滋賀), 교토, 오사카, 효고(兵庫), 나라(奈良)의 2부 4현에 걸친 유역

10   Red List는 국제자연보호연합(IUCN)이 작성한 절멸 우려가 있는 야생생물 리스트

을 바라는 사람들'과 '농업의 근대화와 농지의 도시화를 바라는 사람들' 등 많은 관계자가 논의를 계속한 결과, '아유모도키 등이 서식하는 환경보호'와 '농업의 근대화와 농지의 도시화'가 양립할 수 있는 규칙을 만들었다.

지금은 지역이 하나가 된 자연환경을 배려한 '도시 만들기' 활동으로 발전했을 뿐만 아니라 2021년 10월 1일에는 오카야마시 지구사 초등학교 5학년 학생들이 정부의 허가를 받아 자신들이 인공 번식한 아유모도키 치어 30마리를 기린맥주 오카야마 공장 부지 내에 있는 생물 서식공간(야생동식물의 안정된 서식지)에 시험적으로 방류한다는 움직임으로도 이어지고 있다.

오카야마ESD추진협의회에서는 그 외에도 2015년부터 자율사업으로서 'ESD 학생 인턴십 사업'을 시작하고 있다. 이 사업에서는 지역과제를 해결할 실천의 장 제공, 지역공헌활동 담당자 육성을 목적으로 지역공헌활동 단체와 학생들을 이어주고 있고 매년 정원을 초과하는 많은 학생의 응모가 있는 등 효과를 발휘하고 있다.

오카야마시의 시행방안으로서 '멋지다'고 느끼는 것은 ESD와 SDGs에 임하는 학교·단체·기업(을 포함하는 시행내용)에 관하여 다른 도도부현이나 시구정촌 등에서 볼 수 있는 '등록·인정방식'이 아니라 '어워드와 포럼 방식'으로 하고 있다는 점이다.

이는 오카야마ESD추진협의회가 유연한 네트워크라는 조직문화의 발로이며, "우수한 시행방안(스토리)을 모두가 공유하고 싶다. ESD와 SDGs의 전체 레벨을 높이고 싶다"는 오카야마시 SDGs·ESD추진과 이와타 과장의 코멘트에도 나타나 있는데, 이것이 바로 '어워드×서로 배우기×포럼'이라는 모델이다.

2015년부터 시작된 'ESD 오카야마 어워드'에는 '오카야마 지역상'과 '글로벌상'이 있다. 이 중에서 '글로벌상'은 매년 30~40개국에서 70~90건의 지원자가 있을 만큼 세계적으로도 유명한 상이며, 지방자치단체 레벨로서는 이례적인 규모를 자랑한다.

또 '오카야마 지역상'은 오카야마경제동우회(SDGs 연구 · 추진회의/좌장: 후지키 시게히코)와 오카야마대학 등의 협력을 받아 2020년부터 '오카야마 SDGs 어워드'로 개편되어 오카야마 전역에서 한층 더 '지속가능한 사회 만들기와 지역 과제 해결'을 목표로 하고 있다.

'**SDGs올림픽(도쿄)**'에서
'**SDGs만국박람회(오사카·간사이)**'로

우리 사무소에는 2021년 7월 24일 개최된 핸드볼 관전 티켓이 장식되어 있다. 이것은 코로나19 감염 확대의 영향으로 1년이 연기되었다가 무사히 개최된 도쿄2020올림픽·패럴림픽 때의 것이다. 유감스럽게도 TV 관전이었지만, LA 에인절스의 오타니 쇼헤이 선수와 함께 올림픽 선수들의 활약상은 매일 큰 즐거움이었다. 다시 한번 대회 관계자 여러분에게 감사의 인사를 올린다.

도쿄2020올림픽·패럴림픽에서 필자가 가장 충격을 받고 감동한 것은 2021년 8월 4일 스케이트보드 '파크 여자결승'에서의 한 장면이다.

TV나 신문, 인터넷 미디어 각사가 크게 다루고 있는 가운데 ENCOUNT 편집부가 "눈물의 일본인 선수, 칭송하는 타국 선수 '인류의 이상' 올림픽 우정의 장면에 칭찬 소리 '아름다워'"라는 제목으로 송달한 기사(Yahoo! 뉴스 연예란에 게재)를 소개한다(8월 4일 18시 16분 송달: 필자 일부 편집).

여기서 필자가 가진 소박한 의문은 '스케이트보드 선수들은 왜 다른 경기에 비해 이렇게도 서로를 응원하거나 칭송할 수 있는가?'라는 것이었다.

그래서 지금까지 진행된 스케이트보드 시합(X게임 등의 동영상)에서 경기하는 선수의 모습, 신문이나 잡지의 선수나 코치에 대한 인터뷰

도쿄올림픽 스케이트보드 파크 여자결승전이 아리아케 어반 스포츠파크에서 열렸는데, 착지에 실패한 오카모토 미스구 선수를 칭찬하는 우정어린 장면이 화제를 불러일으켰다. (중략) 오카모토는 난이도 높은 기술인 '540'을 성공시켰지만 마지막 트릭 착지에서 실패해 눈물을 보이며 낙담했다.

하지만 다른 나라 선수들이 다가와 실의에 빠진 오카모토를 격려하여 웃음 짓게 하고 그녀를 들어 올리는 퍼포먼스를 보여주었다.

올림픽 공식 인스타그램에서는 "올림픽에서 처음으로 열린 여자 파크 스케이트보드에서는 뛰어난 운동능력과 기술이 선보였는데, 무엇보다 올림픽 정신이 충분히 발휘되었다"고 한 다음 **"서로에 대한 응원의 의미이든, 서로를 내몰아 공격한다는 의미이든, 서로를**(비유적이든 문자 그대로의 의미이든) **들어 올린다는 의미이든 서로에 대한 응원을 한순간도 그만두지 않았다"며 선수들이 절차탁마하고 격려하고 서로 건투를 칭송하는 아름다운 모습을 보여주었다**고 했다.

이에 대해 각국 팬으로부터 '훌륭한 스포츠맨십이다', '아름다운 우정이다', '서로에 대한 배려가 넘친다', '인류의 이상이다' 등과 같은 갈채가 쏟아졌다.

내용, 올림픽에서 메달리스트가 되고 나서 TV나 인터넷 특집 등을 보게 되면 매우 흥미로운 답을 발견하게 된다.

그것은 '교육(자란 환경)이 다르다'는 것이다. 어디까지나 필자가 세운 가설이기는 하지만, '미래 세대에게 사랑받는 회사: 지속가능한 조직 만들기와 SDGs · ESG경영'으로도 연결되는 중요한 요소다.

사실 경기로서 스케이트보드의 역사는 짧아 올림픽이나 세계대회에 일본 대표로 나갈 만한 선수라도 선수 개개인에게는 코치가 없는 경우가 많다고 한다.

또 트릭(기술)의 조합이 수천 개나 있다고 하니 자기다움을 표현하는 루틴(몇 개의 트릭을 조합해 연속으로 하는 것)을 자신의 머리로 생각하고

몸으로 표현하고 그 동영상을 인스타그램 등에 올려 서로 자극하는 것이
일상인 듯하다.

그리고 도요게이자이 온라인 기사 "스케이트보드가 아이들로부
터 열광적인 지지를 받는 이유: 발상지 LA에서는 연령과 인종을 초월
해 인기"(2021년 8월 5일자)를 읽어보면 이러한 일련의 의문과 가설이 확
신을 가진 답으로 바뀐다.

그것은 바로 거리에서 시작된 다음과 같은 '스케이트보드 문화'가
할 수 있는 장점이라고 할 수 있다(도요게이자이 온라인 기사를 필자가 일부
발췌 · 편집).

스케이트보드 문화

- 프로를 지향한다면 거리로 나와 노상의 '좋아하는 장소'에서 동영상을
  촬영하여 SNS에 올린다.
- 연령에 관계없이 스케이터끼리는 '대등'하며, 어른이라도 아이 취급을
  하지 않는다.
- 관객이 예상할 수 없을 만큼 자유롭고 파격적인 활강에 '무한의 가능성'
  을 찾아내어 도전한다.
- 성공보다 실패가 많다. 몇 번이나 실패해도 '일어서기' 때문에 경의를 표
  한다.

이것은 앞서 말한 '사람을 키우는 조직의 조건'(234p), '부드러운
문화(다양한 사람을 받아들이는 유연성/세상의 변화에 대응할 수 있는 유연성)'와도
통하는 것이다.

우리는 조직을 바람직한 방향으로 이끌 '조직문화 디자인'이라는
연수도 하고 있고, '조직문화'의 정의로 김 캐머런(Kim S. Cameron: 미시

간대학 Ross School of Business 교수)은 "조직문화란 가장 좁은 레벨의 문화이고 어떤 조직을 다른 조직과 다른 것으로 하는 가치관, 지배적인 리더십 스타일, 조직을 상징하는 심벌, 일의 추진 방법, 일상 업무, 성공에 관한 정의 같은 것이 반영된다"고 한다.

여기까지는 도쿄올림픽·패럴림픽의 감동과 여운에 너무 젖어있었던 느낌도 있지만, 이제부터가 본론인 'SDGs 내용'이다.

이번 도쿄2020대회에서는 지속가능성을 배려한 시행이나 SDGs의 17가지 목표와 관련한 에피소드가 수없이 많았다. 그것은 도쿄2020대회의 지속가능성 콘셉트인 'Be better, together/더 나은 미래로 함께 나아가자'에도 나타나 있는데, 전문은 다음과 같다(도쿄2020대회 공식 HP에서).

일본은 기후변동이나 천연자원 고갈, 차별 같은 인권 문제 등 지속가능성에 관한 세계의 공통 과제에 직면해 있다. 도쿄2020대회는 'Be better, together/더 나은 미래로 함께 나아가자'를 콘셉트로 하여 지속가능한 사회 실현을 위한 과제 해결 모델을 국내외에 보여주었다. 또한 지구와 인간의 미래를 직시하고 UN의 '지속가능개발목표(SDGs)'에 공헌하며, 또 앞으로 열릴 대회나 국내외로 널리 계승되도록 노력한다.

그리고 '5개의 주요 테마'와 '조달 코드'는 다음과 같다.

- 기후변동: 탈탄소사회 실현을 위해 가능한 한 에너지절약과 재생 가능에너지 이용 등을 추진해나간다.
- 자원관리: 3R(Reduce·Reuse·Recycle)을 철저히 하고 자원을 일절 낭비하지 않는 대회 운영을 지향한다.
- 대기·물·그린·생물다양성 등: 수자원의 유용한 활용과 재래식

물에 의한 경기장 녹화 등으로 자연공생도시 실현에 공헌한다.

- 인권·노동, 공정한 사업 관행 등: 대회에 관련된 모든 사람의 인권이 존중된 대회를 지향하고 '비즈니스와 인권에 관한 지도원칙'에 입각하여 준비·운영한다.

- 참가·협동, 정보발신(Engagement): 많은 사람의 참가·협동으로 누구나 주인공인 열린 대회를 만듦과 동시에 적극적인 정보발신으로 지속가능성에 대한 이해를 높여나간다.

- 지속가능성을 배려한 조달 코드: 지속가능성을 배려한 조달을 위해 조달물품이나 서비스에 적용되는 기준과 운용 방법을 정하고 있다. 또 조달 코드의 일부로 목재, 농산물, 축산물, 수산물, 종이, 팜유의 개별기준을 정하고 있다.

또 대회를 통해 구체적으로 이루어진 사안으로서 다음과 같은 것이 있다(주식회사 리템 HP/RE-Tem Eco Times/2021년 7월 27일자 칼럼 "지속가능한 올림픽·패럴림픽/도쿄2020대회의 지속가능한 사안의 예"를 바탕으로 일부 수정).

- **재생가능에너지 전력**: 경기장·선수촌·메인프레스센터 등에서 재생가능에너지 100% 사용
- **도시광산에서 만든 메달**: 약 5천 개의 메달에 수명이 다 된 소형가전을 재활용한 금속 이용
- **폐플라스틱으로 만든 시상대**: 2천 개 점포 이상의 가게에 설치한 회수 상자에서 모은 폐플라스틱을 이용해 시상대 약 100대 제조
- **물품의 Reuse·Recycle**: 대회가 끝난 후에 조달물품을 렌털·재판매함으로써 99%의 Reuse(재사용)·Recycle(재활용) 실현
- **저공해·저연비 차량**: 연료전지자동차 약 500대, 전기자동차 약 850대 등 저공해·저연비 차량 도입

- **재생 알루미늄으로 만든 성화릴레이 토치**: 동일본대지진 복구 가설주택의 알루미늄을 재이용해 성화릴레이 토치 제작
- **일본산 목재의 대회 후 재이용**: 63개의 지자체에서 빌린 목재로 선수촌 시설을 건설하고 대회가 끝난 후에 각지에서 재이용(목재 릴레이)
- **윤리적인 식재료 조달**: 선수촌 등의 음식 제공에 GAP 인증품이나 수산 에코라벨 인증품 등 지속가능한 식재료 이용
- **수자원의 순환**: 경기장에 여과 시설을 설치하여 수자원을 유용하게 활용
- **에코 소재 유니폼**: 대회 스태프의 유니폼에 재생폴리에스테르 재료나 식물성 재료 사용
- **경기시설 주변의 생물환경**: 기존에 있던 녹색과의 연속성을 감안하여 기후와 풍토에 적합한 수종 등으로 경기장을 새롭게 녹화
- **친환경적인 목재 조달**: 대회장 설비에 삼림인증제 등의 지속가능한 목재 사용

그 외에 SDGs의 17가지 목표와 관련된 에피소드로 '사상 최다의 LGBTQ 선수 출전(05번)', '리오대회에 이어 두 번째로 난민선수단 참가(10번)', '기온과 습도 대책으로 마라톤과 경보 개최지를 삿포로로 변경(13번)', '출전선수에 대한 인터넷상에서의 중상비방 증가: 선수의 24시간 상담창구 설치(16번)' 등이 있었다.

그리고 세계적인 팬데믹 가운데 17번의 '파트너십'이 충분히 발휘된 대회가 된 것은 기억에도 새롭다.

이것은 어디까지나 우리 주관이지만 "지속가능성을 배려한 올림픽·패럴림픽(SDGs올림픽)"인 도쿄2020대회가 개최된 2021년 7~8월에 맞추어 아침 정보프로그램 등에서 일본 전국의 SDGs 사업이 소개되기도 하고 신문과 잡지, 인터넷 기사 등에서도 SDGs 특집이 많이 짜인 것 같다.

물론 많은 기업과 시민 사이에서 SDGs에 대한 흥미·관심·기

운이 높았던 것도 있지만, 아무튼 좋은 '물결'이라고 생각한다.

이러한 SDGs의 '물결'은 틀림없이 2025년 개최 예정인 '오사카·간사이 만국박람회'로 연결되어 일본의 성장을 지속시킬 기폭제가 될 것을 기대해 마지않는다.

올림픽·패럴림픽이 '스포츠를 통한 인간 육성과 세계평화를 최고의 목적으로 한 스포츠 제전'이라고 한다면, 국제박람회(만국박람회)는 '인류의 과학적·문화적 성과나 새로운 미래상을 제시하는 세계의 제전'으로 생각하며, 일본 중소기업이 맡아야 할 '세계적인 사회 과제 해결'과 '인류사회의 지속적인 발전'이 주제가 될 것이다.

Expo2025 오사카·간사이 만국박람회가 지향하는 것으로는 다음의 두 가지가 거론되고 있다(공익사단법인 2025년 일본 국제박람회협회 HP에서 전재).

지속가능한 개발목표(SDGs) 달성에 공헌

UN이 거론한 SDGs(지속가능개발목표) 달성 목표 연도인 2030년까지 5년이 남은 2025년은 실현을 위한 행동을 가속화하는 데 매우 중요한 해다. 2025년에 개최되는 오사카·간사이 만국박람회는 SDGs를 2030년까지 달성하기 위한 플랫폼이 될 것이다.

일본의 국가전략 Society5.0 실현

일본의 국가전략 Society5.0이란 사이버공간(가상공간)과 피지컬공간(현실공간)을 고도로 융합시킨 시스템에 의해 경제발전과 사회적 과제 해결을 양립하는 인간중심 사회다. 수렵사회, 농경사회, 공업사회, 정보사회로 이어지는 새로운 사회를 가리킨다. IoT(사물인터넷), AI(인공지능), 로보틱스(로봇공학), 빅데이터, 바이오테크놀로지 같은 기술에 의해 다양한 지구 규모의 과제가 해결되는 사회는 SDGs가 달성된 사회이기도 하다.

도쿄2020올림픽 · 패럴림픽(SDGs올림픽)에서 Expo2025 오사카 · 간사이 만국박람회(SDGs 만국박람회)로 이행한다. 지금이야말로 일본 전국 중소기업이 세계에서 SDGs 실행의 선두에 서서 '미래 세대에게 사랑받는 회사'가 되어 다음 '물결'을 일으켜나갈 수 있도록 전국의 '직장 SDGs 추진 컨설턴트'와 '직장의 기초대사 개선 퍼실리테이터' 동료와 함께 측면 지원해갈 수 있기를 바란다.

SDGs 만국박람회 무대인 오사카에서 창업한 마쓰시타전기산업의 마쓰시타 고노스케는 1960년 1월 경영방침발표회에서 "국제경쟁에 이기기 위해 주 2일 휴일을 목표로 일해보지 않겠는가?"라고 말하고 그 주 2일 휴일을 "하루 '휴양', 하루 '교양'"으로 정의했다고 한다.

현재 '선택적 주 3일 휴일제'에 관한 논의가 항간의 소문으로 나도는 가운데 휴양, 교양에 이은 3일째 정의(혹은 가치)가 SDGs올림픽에서 발휘된 17번의 '파트너십'처럼 '공창'이나 '공조(共助)' 혹은 '공감'이 되면 좋겠다고 생각한다.

'가쓰오부시'[11]가 향에 관한 신기술로 일본인의 '건강과 식문화'를 지키다
'하마야가쓰오부시' 사례

Expo2025 오사카 · 간사이 만국박람회의 개최지인 오사카에서 '향'에 관한 획기적인 신기술을 활용한 '사회 과제 해결모델'이 태어나려 하고 있다.

불고기 냄새의 유혹이 떠도는 오사카 쓰루하시역에 있는 하마야가쓰오부시주식회사(본사: 오사카부 오사카시, 대표이사: 기무라 다다시)는 1947년 창업했으며, 얇게 깎은 가쓰오부시, 다시팩, 분말다시 등을 종합식품도매상, 대형 음식체인점, 음식점(일본 정식 요리점, 선술집, 우동 가게, 오코노미야키[12]점), 호텔 등에 제공하고 있다.

NHK TV 아침 드라마 「뎃판」[13](2010)에 나오는 가쓰오부시점의 모델이기도 한 기무라 사장은 가쓰오부시를 고증하는 스태프로서도 이름을 날리고 있다.

그 외에도 2008년부터는 '가쓰오 무사'라는 애칭으로 '먹거리교

---

11   일본의 식품회사 아지노모토의 대표적인 다시 캐릭터. 가쓰오부시는 가다랑어를 바짝 조린 후 건조한 보존식품으로 '가다랑어포'를 사용한다.

12   물에 푼 밀가루에 새우, 오징어, 고기, 채소 등 좋아하는 재료를 섞어 넣고 번철에 부친 음식. 우리의 빈대떡과 유사하다.

13   '철판'이라는 의미

육과 다시 내는 법 강습회'를 1천 회 이상 개최하고 '먹거리교육 인스트럭터' 자격도 갖고 있다.

기무라 사장이 현재 일본인의 '건강과 식문화'를 지키기 위해 노력하고 있는 것은 '세계 최초로 사람의 후각 수용체에 의한 향의 수치화 기술'(주식회사 향미발효/국제특허출원/오사카대학산업과학연구소 구로다 슌이치 교수 일행)을 활용한 '가쓰오부시의 향을 고차원으로 재현한 향료 개발'이다.

사람은 음식을 먹을 때 미각(입)뿐만 아니라 후각(코와 뇌)으로도 맛을 느낀다고 한다. 감기나 꽃가루알레르기 등으로 코가 막히거나 싫어하는 음식을 먹을 때 코를 쥐거나 하면 맛을 느끼기 어렵다는 것은 누구나 경험한 적 있을 것이다.

가쓰오부시의 특징은 이노신산이라고 불리는 '감칠맛 성분' 이상으로 그 천연의 강한 향이 작용하는 '생리활성(송이버섯, 마늘, 향초 등도 동일)'에 있다.

기무라 사장은 "일본요리(일본식)의 훌륭한 점은 가쓰오부시 같은 '다시'의 활용으로 염분·당분·지방분을 억제해도 '오감'을 만족시킬 수 있다는 점에 있고, 맛과 영양(건강)의 밸런스가 세계 최고로 뛰어나다는 점에 있다"고 강조한다.

POINT … 저자의 생각

가쓰오부시가 가진 '향'의 풍미(향미)가 완성되면 큰 시장(향료업계의 시장규모는 일본은 약 1,800억 엔, 세계시장은 3조 엔)이 움직인다. 맛뿐만 아니라 향으로 먹는 것이 실현되면 일본인의 '건강'과 식문화, 그리고 세계인의 '행복감'에도 기여할 것으로 기대된다.

'고객과의 대화'와 '사원의 성장'을 소중히 하는 콘택트센터
'정보공방' 사례

창립 20주년을 맞이하는 정보공방주식회사(본사: 오사카부 오사카시, 대표이사: 미야와키 마코토)에는 업계 타사의 견학이 끊이지 않는다. 대형 식품 제조회사, 여성용 내의상사, PC제조회사, 건강식품·영양보조식품회사 등의 콘택트센터를 기획·구축·운영하고 기존 고객을 소중히 하는 기업의 고객 부문을 대행하는 것이 주된 사업이다.

회사를 통괄하는 미야와키 사장은 '오사카의 좋은 아저씨' 그 자체다. 핑크색의 밝은 옷을 걸치고 아저씨 개그를 연발하여 사원들을 곤혹스럽게 하지만, 필자는 미야와키 사장을 '시대의 흐름을 잘 파악하는 천재'라고 생각한다.

예전에 업계에서 '콜센터'라고 불리던 시대는 전화가 중심이었다. 교환수는 주문이나 문의에 '정확·공손·신속'하게 처리하는 것이 요구되고, 평가기준은 응답률·가동률·AHT(통화·보류·신속한 후처리 시간) 같은 생산성을 중시한 지표다. 일하는 사람은 '음지' 같은 존재였다.

그러나 현재는 인터넷이나 새로운 커뮤니케이션 도구의 등장으로 고객의 표면화된 욕구(정형정보)에 대한 대응은 자동화되어가고 있다.

그런 상황에서 콘택트센터에 요구되는 것은 고객이 미처 알아차리지 못한 잠재적 욕구(비정형정보)를 끌어내는 고도의 대응법이다. '양'에서 '질'의 시대로 변화하고 있다.

정보공방은 창업 때부터 '고객과의 대화'를 중시하고 커뮤니케이터(communicator)는 고객의 배경이나 잠재적 욕구를 찾아내는 안내자 역할을 했다. 고객의 목소리를 분석하여 고객사에 제안·컨설팅을 하고, 일하는 사람이 행복감을 느끼는 '양지' 같은 존재다. 그것을 가능하게 하는 것이 '대화와 교육'을 중시한 육성 방법이다. '마인드는 스킬을 성장시키기 위한 영양소'를 표방하고, 월 가동시간의 5%는 대화(코칭) 혹은 교육(트레이닝)에 충당하는 '5% 규칙'(사원의 성장)을 만들었다.

> **POINT … 저자의 생각**

정보공방에서는 2019년 65세 이상 사원 한정의 '그랜사업부'를 발족시켰다. 이 사업부는 지금까지 살아온 인생에서 길러온 다양한 지식·경험·노하우를 후진 육성과 지원에 활용하는 역할을 맡고 있는데, 나보다 스무 살이나 선배인 시모야마 히로코(일본코치협회 고베지부 대표도 겸임)의 에너지에는 늘 압도당하고 만다.

세 가지 '사는 보람[생(生)·행(行)·서(逝)]'을 이룰 수 있는 도시 만들기
'이키가이 크리에이션'[14] 사례

최근 업종이 같은 복지업계뿐만 아니라 의료 같은 다른 업계에서도 전직이 이어져 주목받고 있는 것이 주식회사 이키가이 크리에이션(본사: 오키나와현 오키나와시, 대표이사: 다무라 고스케)이다.

다무라 사장과 처음으로 만난 것은 2013년인데, 의료계 전문학교 교원을 그만두고 독립·창업해서 이키가이 크리에이션을 설립한 지 얼마 되지 않은 무렵으로 당시 종업원은 8명이었다.

그로부터 9년이 지난 2022년 현재 종업원은 약 100명이고 당일 돌봄 서비스 사업, 소규모 다기능형 홈헬퍼 사업, 홈헬퍼 지원사업, 방문간호·방문돌봄 사업, 서비스가 포함된 고령자용 주택, 유료 노인요양시설, 아동 당일 서비스 운영 등의 사업을 하고 있다.

2013년 당시 다무라 사장은 '장애를 사는 보람으로(사는 보람에 초점을 맞춘 재활) 자기다운 인생을 걸어가자'라는 생각을 가지고 독립·창업했지만, 업계와 구직자에게 좀처럼 받아들여지지 않아 고민하던 시기이기도 했다. 그래서 우리가 주최하는 '드림플랜 프레젠테이션 오키나와대회 2013'에 출전을 권유하고 학생실행위원회, 다른 발표자 등과 함께 3개

---

14   오키나와시에 있는 돌봄이 관련 회사

월의 시간을 들여 '꿈의 사업 플랜'의 보완을 꾀했다.

　그해는 '도호쿠(東北) 복구지원 프로젝트 Never Forget 3.11'로 제목을 붙이고 미야기현 게센누마시에서 시오다 겐이치(수타 우동가게 단페의 점주), 우스이 소타로(주식회사 우스후쿠본점 대표이사), 오이카와 히로시(유한회사 오이카와데님[15] 대표이사) 3명이 오키나와에 와서 지진이 일어난 그날의 모습과 복구 현황, 앞으로의 게센누마·미야기현·도호쿠·일본에서 그리는 '꿈'에 대해 질의하는 등 오키나와 드림플랜에서도 가장 의미 있는 대회가 되었다.

POINT ··· 저자의 생각

　오키나와 드림플랜2013 당일, 다무라 사장은 다음과 같은 프레젠테이션을 했다. 뇌졸중으로 쓰러져 오른쪽 반신마비가 된 다카라 씨는 제1회 NAHA 마라톤대회부터 연속출전·완주를 꿈꾸며 기능회복 재활을 하고 있었지만 어려운 상황에 놓여 있었다. 그래서 다무라 사장은 기노완시(宜野湾市)[16]에서 개최되는 휠체어마라톤을 제안했다. 그 후 다카라 씨는 휠체어로 열심히 연습하여 무사히 마라톤을 완주했다. 이는 자신의 '사는 보람'과 더불어 '가족의 웃는 모습'도 되찾은 실화를 바탕으로 한 스토리였다. 장애가 있어도 자기답게 세 가지 '사는 보람(생·행·서)'[17]을 얻을 수 있는 도시가 여기에 있다.

15　미야기현 게센누마시에 본사가 있는 OIKAWA DENIM은 고품질의 청바지 제조회사

16　오키나와현 본토 중남부의 중앙에 위치하는 오키나와현 제5의 도시

17　생(生)은 '살아가는 보람', 행(行)은 '행동하는 보람', 서(逝)는 '죽는 의미'라는 뜻으로 이들 한자는 각각 일본어로 '이키'로 발음되는데, 여기에 우리말 '보람'이라는 의미인 일본어 '가이'가 붙은 것

'414카드'로 병은 들어도 환자가 되지 않는 사회 만들기
'사치하우스'[18] 사례

다채로운 색상의 따뜻한 디자인을 한 표면에는 '좋은 인생이었다고 할 수 있다', '한 인간으로서 소중히 여겨지고 싶다', '마지막은 내가 선택한 장소에서 보내고 싶다'는 등 일본인이 마지막을 맞이할 때까지 행복하고 '자기답게' 살기 위해 소중히 생각하는 주제가 쓰여 있다.

그 뒷면에는 '당신에게 좋은 인생이란 어떤 인생인가요?', '소중히 여겨진다는 것은 당신에게 어떤 의미인가요?', '당신이 마지막 장소로 보내고 싶은 곳은 어디인가요? 왜 거기인가요?' 등과 같이 표면에 쓰여 있는 주제에 대해 자기 자신을 마주 보고 '자연스럽게' 깊이 파고들어 갈 수 있는 질문이 쓰여 있다.

'사생관(死生觀)'을 서로 이야기함으로써 진정한 자기 자신을 알고, 소중한 사람에 대한 생각을 깊게 하며, 미래를 향한 원만한 인간관계를 구축하는 '414[19](좋은 죽음) 카드'를 만든 것은 특정비영리활동법인 사치하우스(본부: 도쿄도 지요다구, 대표이사: 가와무라 마키)다.

가와무라 씨의 "평온한 죽음을 맞게 해주는 의사가 되고 싶다"

---

18   도쿄도에 있는 NPO법인

19   414를 일본어로 하면 첫 번째 숫자 4는 よ(yo), 1은 いち(ichi), 마지막 숫자 4는 し(shi)로 발음되는데 이 세 글자를 붙이면 '良(よ)い死(し)', 즉 '좋은 죽음'이라는 의미다.

는 말에는 일곱 살 때 본 할아버지의 죽음이 영향을 끼친 것 같다. "내가 너무도 사랑한 할아버지가 암으로 괴로워하며 할아버지다움이 사라진 죽음에 충격을 받았다"는 유소년기의 체험이 암과의 공생사회를 지향하는 사치하우스 설립으로 이어졌다.

시즈오카현 후지시에 있는 가와무라병원 옆의 '사치하우스 후지'는 암 환자, 가족, 친구가 망설이는 가운데 '자기다운 삶의 방식과 의료선택'을 서포트하는 장소다.

암 환자인 이용자는 마음 편하게 들러 책을 읽거나 다른 이용자들과 이야기하거나 불안한 마음이 들 때 스태프들과 개별적으로 이야기하면서 지내고 있다.

'사치하우스 후지'의 공동대표이기도 한 다케무라 마리도 암 환자와 마지막 돌봄을 함께하는 경우가 많은 병동에서 간호사 일을 했던 경험에서 환자 자신이 '어떻게 하고 싶은지'를 '자기 스스로 결정하는 것'의 중요함을 알고서 그런 소망을 이룰 공간 만들기에 전력을 다하고 있다.

POINT ··· 저자의 생각

가와무라 씨의 드림플랜인 '병은 들어도 환자가 되지 않는 사회 만들기'를 처음으로 보았을 때의 감동은 5년이 지난 지금도 잊지 못한다. 일본 국립암연구센터 2018년 자료에서는 일본인이 한평생 사는 동안 암으로 진단받을 확률은 남성이 65.0%, 여성이 50.2%로 '2명 중 1명'인 시대. '사치하우스'의 시도가 일본 전국으로 퍼져가기를 응원한다.

인연을 소중히!
'화·윤·환'으로 지역의 등불을 켜다
'아크홀딩스' 사례

지난해에 NPO법인 AlonAlon(143p 참조)에서 호접란 장인(지적장애인)을 정사원(근무지는 AlonAlon농원)으로 채용한 회사 중의 하나가 아크홀딩스(본사: 도쿄도 시부야구, 대표이사: 야하기 가즈유키)다.

밝고 풍요로운 사회 만들기를 추구하고 '지역 인프라를 풍부하게 한다'는 미션을 실현하기 위해 '부동산 Re활용(이활용) 분야', '복지·간호 분야', '어그리드 푸드(Agrid Food)[20] 분야'의 3개 분야로 사업을 전개하고 있다. 이번 호접란 장인의 정사원 채용은 이 회사의 취업이행지원 사업소 멤버들에게 커다란 자극이 되었다고 야하기 사장은 말한다.

현재 아마미오시마[21] 세토나이초(瀨戶內町)[22] 고니야 시가지에서 행정기관과 함께 진행하고 있는 사업은 '빈집 철거 후에 생긴 토지를 이용한 코인 주차장'이다. 위험성이 높은 빈집 철거공사를 하는 사람에게 시에서 공사비용 일부를 보조한다. 소유자가 적극적으로 협력한 경우 고정자산세의 감세조치도 해서 일본 전국의 빈집이 방치되는 원

---

20   농업 비즈니스의 웹 미디어

21   규슈 남쪽 해상 가고시마시(鹿児島市)와 오키나와의 중간쯤에 위치하는 가고시마현 아마미군도의 주요 섬

22   가고시마현 아마미군도에 있는 시

인의 하나(가옥을 철거하면 고정자산세가 최대 6배)를 해결하고 있다.

앞으로 세계자연유산에 등재되어 관광객이 늘어나면 노상주차 증가가 우려되기 때문에 철거 후의 토지를 이용한 코인 주차장은 바로 '삼방만족'이 된다(『아미미일일신문』 2021년 1월 6일자 기사를 바탕으로 필자 편집).

미야기현 히가시마쓰시마시(東松島市)[23] 노비루에 있는 '오쿠마쓰시마[24] 클럽하우스'(2021년 3월 1일 개업)는 골프장 클럽하우스처럼 그곳을 기점으로 해서 오쿠마쓰시마의 매력을 홍보하여 필드로 나오도록 하는 의미가 담겨 있다.

동일본대지진의 쓰나미 피해를 입은 나대지에 400그루의 단풍 회랑과 100그루의 벚꽃 가로수길을 만들고 300개 이상의 조명을 설치함으로써 인연을 소중히 하는 '화(和) · 윤(輪) · 환(環)'[25]으로 '지역의 등불을 켜는' 사업이 진행되고 있다.

POINT ⋯ 저자의 생각

야하기 사장은 29세에 독립한 후 수많은 사업을 전개했다. 그러던 중 다양한 사회 과제에 직면하여 '사회에 환원하는 구조 만들기'로 사업방침을 바꾸어가고 있다. 코인 주차장(부정주차 문제 해결)이나 농업(낮은 식재료 자급률 해소), 복지(누구나 활약할 수 있는 사회) 등 야하기 사장이 지향하는 '모습'은 경영이념인 '화(온화함)로 가능성을 추구한다'에도 나타나 있다.

---

23 미야기현의 중부에 위치하는 시. 센다이(仙台)만 연안에 있다.

24 히가시마쓰시마시에 속하는 미야토시마(宮戸島) 주변을 말한다.

25 일본문화로서의 和, 사람과 사람을 연결하는 輪, 지속가능한 환경의 環

지진 이후 11년, '바다·육지·산'에서 새로운 패션을 잣다
'오이카와데님' 사례

패션업계(특히 청바지업계)에서 '알 만한 사람은 다 아는' 일본의 청바지제조회사인 유한회사 오이카와데님(본사: 미야기현 게센누마시, 대표이사: 오이카와 히로시)은 미야기현 게센누마시 모토요시초 구라우치의 고지대에 본사 공장이 있다.

해외브랜드나 일본 국내 청바지제조회사로부터 이 회사의 '봉제기술'은 높은 신뢰를 받고 있으며, OEM(Original Equipment Manufacturer: 납품처·위탁자 상표에 의한 수탁제조)을 사업의 축으로 하는 한편, 2005년부터 자사의 오리지널 브랜드 STUDIO ZERO도 직접 만들어 데님을 좋아하는 사람들 사이에서 인기를 얻고 있다.

오이카와데님이 '폐자재 재이용'과 '면으로 바뀌는 신소재 개발'을 목표로 3년의 시간을 들여 2015년에 판매한 상품 '메카지키데님(Swordfish Fiber Mixed Denim)'이 지금 다시 SDGs(창조적 재이용)로 주목받고 있다.

황새치의 특징이기도 한 위턱에서 칼과 같이 예리하게 뻗은 주둥이는 식용으로는 부적합하여 달리 사용할 방도가 없다. 게다가 부상의 우려도 있어서 어부들은 선상에서 잘라내어 바다에 버렸다. 오이카와 사장이 그것을 청바지 소재로 생각한 것은 동일본대지진으로 큰 피해를 입은 '어부와의 평범한 대화'가 계기가 되었다.

2011년 동일본대지진 때 오이카와데닝이 있는 구라우치 지역에 최대 23m의 쓰나미가 덮쳤다. 고지대에 있던 본사 공장은 간신히 피해를 면했지만 도로에는 대량의 기와 조각과 자갈로 뒤덮였고, 간선도로의 다리가 모두 붕괴되어 종업원과 그 가족, 근처에서 피난해온 아이부터 노인까지 약 150명이 '육지의 외딴 섬'에 고립되었다.

붕괴를 면한 주변 가옥에 먹거리는 있었지만 물과 지진 관련 정보가 없었고, 공적인 피난소는 모두 사람들로 가득 차서 들어가지 못해 꼼짝도 하지 못할 상황이 계속되었다. 그래서 지진이 일어난 3일 후, 사장 차(주변 사람들로부터 연료를 나누어 받고)로 센다이시로 가서 담당자와 직접 담판하여 본사 공장을 '민간 제1호 피난소'로 인정받았다.

그 후 본사 공장(피난소)에 물자와 정보가 확실하게 들어오게 되자 오이카와 사장은 미야기현 담당자에게서 '현재 상황의 우선 과제(차가 없어서 물자를 운반하지 못한다)'를 확인하고 물자 운반 자원봉사자로 동분서주했다.

그리고 지진이 발생한 지 3주가 지난 4월 3일, 선대의 오이카와 히데코가 "우리 목표는 지진 복구이지만, 그전에 일상생활(일해서 돈을 받아 물건을 사서 생활하는 것)을 해나가자"고 제안하여 4월 4일에는 디젤 발전기를 수배하여 공장을 재가동하게 되었다.

게센누마시는 미야기현 내의 다른 지구에 비하면 가옥 등의 파손 피해는 적었지만, 시의 기간산업은 어업이었다. 그 핵심이라고도 할 수 있는 호안(護岸)과 어선이 궤멸적인 피해를 입어 대지진 당시 실업률은 약 75%였다고 한다.

그런 상황에 4월 6일 공공직업안정소(Hello Work)로 가서 '연령·성별·경험 불문의 정사원 모집'이라는 구인광고를 냈다. 그런 제안을 하자마자 직원들은 크게 놀랐고 소장도 바로 인사하러 와서 공공직업 안정소 전체가 박수와 눈물로 넘쳐났다고 한다.

이것은 '복구 10년! 처음 1년은 큰 적자가 나더라도 나머지 9년으로 회복할 수 있으면 된다'는 오이카와데님의 강한 신념에서 나온 행동이라고 여겨진다.

공공직업안정소에서 돌아오던 차 안에서 '하지만 너무 많은 사람이 지원하면 어쩌다…'라는 일말의 불안감을 가지면서도 약간 '히어로'의 기분을 맛본 오이카와 사장이었지만, 그 후 아무리 기다려도 정사원 응모자가 한 명도 나타나지 않았다. 그래서 이상하게 생각하고 공장(겸 민간 피난소)에 있던 어부들에게 물어보니 의외의 대답이 돌아왔다.

> 마음은 고맙지만… 어제까지 어부 일을 했는데 갑자기 옷이니 재봉틀이니 하니까 잘해낼 자신이 없어요. 게다가 정사원 채용이라니 너무 짐이 무거워 마음이 내키지 않아요. 오이카와 씨도 내일 당장 "정사원으로 어부를 해보지 않겠습니까?"라고 하면 할 수 있겠어요?

이 말을 듣고서 곰곰이 생각한 끝에 짜낸 생각이 '입사 후 1년간은 직업훈련을 받을 수 있다', '이사할 곳이 정해지면 그만둬도 괜찮다', '이전의 일이 복구되면 그만둬도 좋다'는 세 가지 채용조건, 그리고 새로운 오리지널 잡화브랜드 'SHIRO 0819' 출시였다.

오이카와 사장에 의하면 '재봉틀 봉제는 자동차 운전과 비슷하다(자동차의 액셀 페달과 동일)'는 점에서 SHIRO 0819는 직선 바느질이 가능한 디자인 · 규격으로 함으로써 설령 봉제 초보자라도 재봉틀로 똑바로 바느질할 수만 있으면 고품질의 '데님 천 토토백'을 만들 수 있도록 했다.

또 지진이 일어난 날 창고에서 유실된 약 5천 벌의 청바지 중 후일 본사 공장에서 20km나 떨어진 장소에서 청바지 하나가 발견되었다. 중유를 포함한 오염물질이 섞인 진흙에서 나온 청바지는 올 하나 풀리지 않아 '우수한 봉제술'로 많은 사람들이 '기적의 청바지'로 불렀으며 부활의 심벌이 되기도 했다.

이 에피소드에서도 볼 수 있듯이 전 세계의 패션브랜드와 제조회사가 인정하는 봉제 기술과 품질은 감정보증서가 붙어 있는데, 당연히 SHIRO 0819도 그 기준을 통과했다.

최종적으로 이 제도를 활용해 일상생활로 되돌아온 사람은 총 26명. 상품도 버전업되어 지금은 그 지역 어부들이 애용한 지 오래된 풍어를 알리는 깃발 천을 디자인하는 핵심 요소로 도입되어 있다. SHIRO 0819는 타 업계에서 전직한 사람에게는 '안도감'과 '달성감'을 느낄 수 있는 초기의 기술습득(인재육성) 시스템으로도 인식되고 있다.

여기서 이야기를 다시 메카지키데님으로 돌려보자. 사실 2007년부터 지진이 일어난 해까지 오이카와데님의 오리지널 브랜드 STUDIO ZERO는 해외에서 높은 평가를 받고 있었고 PITI IMAGINE UOMO [통칭: 피티 워모(Pitti Uomo)[26]]에 참가하고 있었다.

세계 각국의 브랜드가 다음 해의 신작 모델을 발표하고 세계 각국에서 그것을 매입하려는 바이어가 많이 모이는 전시회이기도 한 피티 워모를 계기로 이탈리아·영국·스웨덴·독일·벨기에·러시아의 6개국 50개 점포 이상에서 취급되기까지 성장했으며 매출도 늘어났다.

하지만 STUDIO ZERO의 평가와 매출이 늘어날수록 오이카와 사장은 점차 마음이 안정되지 않는 느낌이 들고 불안감을 안게 되었다.

---

26 패션 대국 이탈리아 피렌체에서 매년 2회, 1월과 6월경에 열리는 세계 최대급의 남성 기성복 견본시장

그런 타이밍에 동일본대지진이 발생하여 일련의 위기에 직면하게 되었다. 대지진이라는 예기치 않게 찾아온 '혼자 힘으로는 어떻게도 할 수 없는 상황'이나 '돈이 있어도 아무것도 살 수 없는 경험'으로 인해 업무의 이해력과 사업 형태가 바뀌어갔다.

> 지진이 일어나기 전에는 '어떻게 이익을 올릴까'만 중시해왔다. 지진을 경험한 지금은 회사로서 적정한 이익을 확보한 이후의 자금은 '미래를 위해' 쓰기로 결정했다.

그 결의를 마음속으로 맹세한 바로 그 무렵, 본사 공장(겸 피난소)에서 어부들과 바다에 관한 이야기를 하고 있을 때 황새치의 주둥이를 버린다는 사실을 알게 되었다.

지진이 일어나기 전이었다면 '주둥이는 먹을 수도 없고 위험하니까…'라며 흘려들었을 테지만, '버린다'는 행위에 대해 오이카와 사장의 마음속에서 '무언가'가 움직였다.

> 1.2m나 되는 황새치 주둥이를 사용하여 옷을 만들 수는 없을까? 어부들이 목숨을 걸고 잡아온 '목숨'의 일부를 버리다니….
> 2040년경이 되면 전 세계의 '면'값이 급등하여 입수하기 어려울 것으로 전망된다. 앞으로 의복 원료로서 면 100%는 어렵다. 면을 대체할 신소재를 개발하지 않으면 일본 패션의 미래는 어떻게 될지 알 수 없다.

2012년 겨울에 시작한 '황새치 주둥이'라는 신소재를 사용한 전대미문의 '실' 개발은 난관에 부딪쳐 일본 전국 각지의 방적공장 등의 협력과 지원을 받으면서 햇수로 3년을 들여 2015년에야 겨우 완성한다. 그 실은 유기재배 면에 분말 상태로 만든 황새치 주둥이 35%를 섞어 짜서(면 사용료 35% 절감) 만들어진다.

메카지키데님은 그 외에도 천연소재에 더욱 매달려 황새치 주둥이를 가열하여 만든 숯을 염료에 섞어 황새치를 연상하게 하는 블루 그레이 색을 만들어냈다. 또 금속을 전혀 사용하지 않으며 단추는 야자수 열매 유래의 '너트 버튼(야자수 열매 단추)'을 사용한다. 이런 내용을 알게 되면 바로 구입하고 싶어 하는 분들도 많겠지만, 메카지키데님의 생산량은 연간 1,500장으로 정해져 있다고 한다.

앞으로 중소기업에서 중요한 것은 '일시적인 붐에 연연하지 말고 잘 키울 것', 또 패션업계에서 중요한 것은 '소비하는 것이 아니라 가능성을 찾아내는 것'에 있다고 오이카와 사장은 웃는 얼굴로 말한다.

POINT … 저자의 생각

집필해가는 동안 마지막 내용은 '오이카와데님'으로 하기로 정했다. SDGs는 단순히 HP에 '선언'을 게재하거나 현과 시의 '등록제도'에 신청하는 것이 아니라 경영하는 '모습' 자체이기 때문이다. 지진을 계기로 3대째 사장인 오이카와 히로시 자신의 '변혁'이야말로 SDGs의 Transforming our world로 통하기 때문이다. 그리고 창업 40년의 '역사(히스토리)'와 패션업계의 '미래(스토리)'를 '바다·육지·산 시리즈(폐자재 재이용)'라는 한 가닥의 '실'로 잣는 감동을 배달할 수 있어서 기쁘게 생각한다. 제2탄 '육지'의 테마는 '꽃사슴의 털'인데, 마음에 와 닿는 분은 직접 확인해보길 바란다.

7장 칼럼
시대가 요구하는 '프로페셔널'과 '세컨드 커리어'

메이지대학 노다 교수는 커리어란 '일을 통해 뜻을 실현하는 성장 프로세스'이고 그것을 자기답게 디자인(자신의 커리어를 주도적으로 개발)하기 위해서는 '이 세상에서 무엇을 할 수 있을까'를 끊임없이 묻고 '프로로서의 자세(모습)'를 계속 보여주는 것이 미래를 살아가는 우리(기업도 개인도)에게 요구된다고 한다.

또한 "코로나 팬데믹이 커리어 체인지에 어떤 영향을 주었는가?"라는 조사 결과 49%의 사람이 "휴식 및/혹은 생각하는 다운타임(일시적인 휴식)이 생겼다"고 한 대답('Diamond HBR Online' 2021년 9월 23일자)을 통해 허미어 이버러 교수(런던 비즈니스스쿨)는 "습관의 불연속성에 기인하는 과거 환경으로부터의 이탈은 그 후의 인생에 커다란 변화를 초래할 가능성이 높다"고 말했다.

이는 앞 절에서 언급한 오이카와데님의 오이카와 사장(263p 참조)의 '변화'에도 부합한다고 생각되며, 필자 자신도 최근 1년 사이에 일과 인생의 '모습'에 큰 변화가 있었다.

이 칼럼에서는 인생의 전기(습관의 불연속성에 기인하는 과거 환경으로부터의 이탈)에서 다운타임(일시적인 휴식)을 경험한 후 '세컨드 커리어(제2 인생에서의 직업)'를 유연하게 묘사하면서 '프로의 자세(모습)'로 활약 중인 2개 팀을 소개한다.

● 여성이 '프로'로 활약할 수 있는 근로 방법

나를 드림플랜으로 초대한 사람은 '드림플랜고베2010' 주최자이기도 한 아케야마 유미(휴먼네트워크서비스주식회사 대표이사, 본사: 도쿄도 분쿄구)다.

아케야마 씨는 국제선 객실 승무원 시절에 출산·육아를 위해 퇴직하고 나서 '여성의 M자 커브(출산과 육아에 의한 퇴직으로 30대를 중심으로 일하는 여성이 감소하고, 육아를 끝낸 연대부터 다시 증가하는 현상)'를 경험한다. 육아가 일단락되어 복직을 목표로 취업활동을 하고 있지만 '지금까지의 커리어를 살릴 직업'을 좀처럼 찾을 수 없는 상태다.

아케야마 씨 외에도 같은 상황에 있는 여성이 많아서 '프로'로서의 가치를 살릴 수 있는 장소를 만들려고 지금의 회사를 설립했다.

2007년 설립 초기부터 '여성이 활약할 수 있는 근로 방법'을 목표로 재택근무를 도입한 결과 다양한 인재가 모여 이번 코로나19 대응도 자연스러웠던 것 같다.

현재는 '응대'를 중심으로 한 종합프로듀서사업을 하고 있다. 구체적으로는 2013년부터 시작된 JR동일본 호화열차 '카시오페이아 크루즈' 프로젝트의 프로듀서, 2022년에는 'TRAIN SUITE 사계절 섬'의 전세 크루즈를 담당하게 되었다. 지역의 가능성을 이끌어낼 '프로'를 기대한다.

● 부부가 실현하는 '세컨드 커리어'와 '사회 과제 해결'

2021년 6월 제3회 '스포츠맨과 아이들이 함께 노는 이벤트: 만남의 날'은 코로나19 감염 확대 방지 차원에서 유감스럽게도 온라인으로 개최되었다. 하지만 장애 아동과 가족, 스포츠맨과 창업가 등 다수가 참가해 "선수로부터 용기를 얻었다!", "아이와의 약속으로 힘이 났다"는 등의 훈훈한 뒷이야기가 전해졌다. 주체는 일반사단법인 You-Do협회(본부: 도쿄도 주오구, 대표이사: 오야마 슌고/이사: 오카 준코)였다.

오야마 슌고는 전 종합격투기선수로 현재는 격투기와 피트니스를 융합한 '화이트니스'라는 독자적인 트레이닝프로그램을 건강경영·멘탈 헬스·팀 빌딩 관점에서 기업에 제안·도입하는 사업, 스포츠맨의 '세컨드 커리어' 지원사업을 전개하고 있다.

오카 준코는 아이돌(가와다 준코) 출신으로 현재는 미용 전문가, 뇌장(腦漿) 세라피스트, 라이프스타일 어드바이저로서도 활약 중(다수의 TV 프로그램에 출연)이고, 저서 『행복해지고 싶으면 장을 좋게 하세요』(포레스트출판, 2020)로도 인기를 얻고 있다(오야마 씨와 오카 씨는 부부).

■ '미래 세대에게 사랑받는 회사'가 백화만발하는 해로

2021년은 우리에게 '100'이라는 숫자를 크게 의식하게 한 해였다.

이 책에 관련되는 '100년 기업'의 존재(2021년 창립 100주년을 맞이한 기업은 3,696개 사: 도쿄상공리서치), 미 프로야구 LA 에인절스 오타니 쇼헤이 선수의 '100안타·100타점·100득점·100투구 회·100탈삼진'의 대활약.

코로나19 등의 과제 해결에 대한 정치적 수완이 요구되는 가운데 '제100대(현재는 제101대)' 내각총리대신 기시타 후미오 취임, '100년에 한 번' 온다는 태풍이나 선상 강수대, 게릴라성 호우 등의 자연재해가 매년 발생하고 있다.

또 '인생 100세 시대'를 몸소 실현하고 있는 90세의 마나베 슈쿠로(프린스턴대학 수석연구원)와 동료 연구원 3명이 공동개발한 '기후변동 모델'이 노벨물리학상을 수상한 것. 그리고 "아내의 내조가 없었더라면 100%의 연구는 할 수 없었다"며 아내 노부코 씨에 대한 '감사와 사랑'으로 가득 찬 연설은 많은 사람의 마음에 '미래에 대한 희망'을 꽃 피우게 한 것 같았다.

2022년은 다양한 사회 과제를 해결해가는 중소기업이 '미래 세대에게 사랑받는 회사'가 되어 문자 그대로 '백화만발'(뛰어난 인물과 사업이 다양하게 출현하는)하는 해가 되기를 기원하면서 집필을 마무리한다.

저자 후기

'젊은 친구가 이 정도로 성장'할 거라고는 상상도 하지 못했어! 좋은 의미에서 기대가 배신당했다!

SDGs로 '조직개발'과 '커리어자율' 추진! 지금 바로 이해되네요!

우리가 회사의 '미래에 참여할 수 있다!' 이런 생각만으로도 가슴이 두근두근!

SDGs로 '가족과의 대화'가 늘어났다! 지금은 내가 하는 일을 응원해주고 있다!

사장이 생각하는 '이상적인 모습'을 이해할 수 있었다! '하고자 하는 의욕'이 생겼다!

나는 전직인 주식회사 비프리소프트(Be Free Soft) 시절의 '관광업계용 인재육성프로그램'부터 현 직장인 SDGs연구소(특정비영리활동법인 오키나와인재클러스터연구회)에서의 '조직개발'과 '커리어자율' 그리고 '간부육성'에 이르기까지 15년 이상 다양한 연수프로그램과 연수 툴을 활용해왔는데, 솔직히 말해 이 정도까지 경영자-관리직-인사·연수담당-젊은 사원-파트타임·아르바이트 등 모든 계층으로부터(경우에 따라서는 전 사원으로부터) 환영받은 적은 기억에 별로 없었다고 생각한다.

이런 감동과 기쁨 그리고 조금이라도 '미래 세대에게 사랑받는 회사'를 늘려가고 싶고, '공감'할 동료도 늘리고 싶다는 생각에서 이 책의 집필을 시작했다.

이전 작품인 『생산성을 높이는 직장의 기초대사: 사원의 '불'을 해소하고 능력을 이끌어내는 힌트』에 이어 편집을 담당해주신 합동포레스트 야마사키 에리코 씨와 스태프 여러분.

여러 가지 요청(제멋대로인)을 들어주시고 멋진 디자인을 해주신 하나모토 다쓰야, 조판을 담당해주신 가자마 요시코. 이번 집필 취재에 협력해주신 일본 전국 중소기업경영자·인사담당자 여러분. 이 방식을 공유하고 전달해주는 '직장의 기초대사 개선 퍼실리테이터' 및 '직장의 SDGs 추진 컨설턴트' 여러분.

그리고 결혼한 지 10년째를 맞이하는 아내 히로코에게 진심으로 감사를 전한다.

2022년 2월

전략인사 컨설턴트/직장의 SDGs연구소 대표 시라이 준

역자 후기

이 책은 시라이 준(白井 旬)의 『経営戦略としてのSDGs・ESG』(경영전략으로서의 SDGs·ESG)를 번역한 것입니다.

SDGs와 ESG경영과 관련된 다양한 과제를 해소하기 위해 수많은 기업의 '인재육성'과 '조직개발'을 측면에서 지원하는 과정에서 과제 해결을 위한 매니지먼트 방법을 찾아 이를 기업 경영에 도입하기 위한 실천적 내용으로 구성되어 있다.

즉, 경영자가 경영전략 측면에서 지속가능한 조직(직장)과 SDGs, ESG경영을 통해 미래세대에게 사랑받는 기업과 조직을 추구할 목적으로 쓰인 책이라고도 할 수 있다.

역자가 최근 많은 기업에서 비즈니스코칭과 핵심가치와 관련된 인문학을 강의하면서 느낀 점의 하나로, 지금까지는 기업의 가치를 판단(평가)할 때, 단순히 기업의 외형적인 매출과 영업이익 등과 같은 재무와 회계의 관점에서 평가해왔는데, 최근에는 여기에 추가로 사회와 사람에게 영향을 줄 수 있는 환경, 기후, 인권 같은 비재무적인 요소도 포함하고 있다는 것이다. 이러한 흐름은 어느 한 국가, 하나의 기업에 한정되는 것이 아니라 전 세계적인 추세로 거스를 수 없는 물결이라고 생각한다.

특히 이 책의 목차를 보게 되면 SDGs, ESG의 기본적인 개념을 통해 기업에서 왜 SDGs가 필요하며 이를 기업에서 어떻게 활용하는가를 실제사례를 들어 구체적으로 잘 제시하고 있어 독자들이 이해하기 쉬울 것으로 생각한다. SDGs, ESG를 통해 학교나 직장, 사회의 모든 분야에서 대인관계가 향상되고 생산성 향상으로도 연결되어갔으면 한다.

그런 측면에서 우리보다 SDGs · ESG를 먼저 받아들인 일본 사례를 통해 경영전략으로서 이를 어떻게 이해하고 어떻게 행동하며 실천해나가야 할지를 생각해볼 필요가 있다고 여겨진다.

정확한 번역을 위해 나름 많은 시간과 노력을 해왔지만 그럼에도 불구하고 다소 부족한 부분이 있지는 않을까, 원저의 훌륭한 내용을 훼손하지 않았을까 하는 걱정이 앞서는 것도 사실이다. 외국어 번역의 어려움, 힘듦을 새삼 깨닫게 되는 계기가 되었으며 또한 그만큼 공부도 많이 되었다. 그리고 훌륭한 저서의 번역을 허락해주신 시라이준님께 감사드린다. 또 좋지 않는 출판경기에도 번역서의 출간을 선뜻 맡아주신 이찬규 대표님을 비롯하여 내지편집과 수정을 열과 성의로 해주신 오유경 님, 교정교열을 맡아주신 정난진 님, 기타 제 업무에 도움을 주신 분들에게도 감사를 드립니다.

마지막으로 이 한 권의 역서가 SDGs · ESG경영에 조금이나마 도움이 되고 활성화되는 계기가 되었으면 하는 바람이다.

2023년 5월 한국경영코칭연구원에서
고수경

참고문헌

『共感経営「物語り戦略」で輝く現場(공감경영 「이야기 전략」으로 빛나는 현장)』, 野中郁次郎(노나카 이쿠지로) · 勝見明(가쓰미 아키라), 日本経済新聞出版.

『LIFE SHIFT-100年時代の人生戦略(LIFE SHIFT: 100년 시대의 인생전략)』, リンダ · グラットン/アンドリュ-スコット(Lynda Gratton/Andrew Scott), 東洋経済新報社.

『LIFE SHIFT2-100年時代の行動戦略(LIFE SHIFT 2: 100년 시대의 행동전략)』, リンダ · グラットン/アンドリュ-スコット(Lynda Gratton/Andrew Scott), 東洋経済新報社.

『世界でいちばん働きがいのある会社(세계에서 가장 일하는 보람이 있는 회사)』, マイケル C.ブラッシュ&GPTW調査チーム(Michael C. Bush & GPTW 조사팀), 日経BP.

『なぜ人と組織は変われないのかーハーバード流 自己変革の理論と実践(왜 사람과 조직은 바뀔 수 없을까?: 하버드식 자기변혁의 이론과 실천)』, ロバ-ト · キ-ガン/リサ · ラスコウ · レイヒ-(Robert Kegan/Lisa Laskow Lahey), 英治出版.

『組織文化を変える(조직문화를 바꾸다)』, キムS · キャメロン/ロバ-トE · クイン(Kim S. Cameron/Robert E. Quinn), ファ-ストプレス.

『会社の「偏差値」強くて愛される会社のなるための100の指標(회사의 "편차치" 강하고 사랑받는 회사가 되기 위한 100의 지표)』, 坂本光司(사카모토 고지), あさ出版.

『学習する組織ーシステム思考で未来を創造する(학습하는 조직: 시스템사고로 미래를 창조하다)』, ピ-タ- · M · センゲ(Peter M. Senge), 英治出版.

『ティール組織ーマネジメントの常識を覆す次世代型組織の出現(틸(teal)조직: 매니지먼트의 상식을 뒤집는 차세대형 조직의 출현)』, フレデリック · ラル-(Frederic Laloux), 英治出版.

『心理的安全性のつくりかた(심리적 안정성을 만드는 방법)』, 石井遼介(이시이 료스케), 日本能率協会マネジメントセンター.

『地方創生大全(지방창생대회)』, 木下 斉(기노시타 히토시), 東洋経済新報社.

『稼ぐまちが地方を変える 誰も言わなかった10の鉄則(돈 버는 도시가 지방을 바꾸다: 아무도 말하지 않았던 10의 철칙)』, 木下 斉(기노시타 히토시), NHK出版.

『九州バカ 世界とつながる地元創生起業論(규슈 바보 세계와 연결되는 지방창생기업론)』, 村岡浩司(무라오카 고지), 文屋.

『知ることは, 障がいを無くす。(아는 것은 장애를 없애다)』, 木庭寛樹(기니와 히로키), 吉備人出版.

『新卒を採れ!ー中小・零細が大手に勝つための戦術(신규졸업생을 잡아라!: 중소・영세기업이 대기업에 이기기 위한 전술)』, 谷口弘和(다니구치 히로가즈), 白夜書房.

『社長の仕事は社員を信じ切ること。それだけ。(사장의 일은 사원을 완전히 믿는 것. 그것뿐.)』, 宮田博文(미야타 히로후미), かんき出版.

『60分でわかる! 働き方改革 超入門(60분으로 알 수 있다! 근로방법개혁 초입문)』, 働き方改革法研究会[著], 篠原宏治(후지와라 고지) [監修], 技術評論社.

『最強の縄文型ビジネス イノベーションを生み出す4つの原則(최강의 승문형 비즈니스 이노베이션을 만들어내는 네 가지 원칙)』, 谷中修吾(야나카 슈고), 日本経済新聞出版.

『組織開発の探求 理論に学び, 実践に活かす(조직개발의 탐구 이론으로 배우고 실전에 활용하다)』, 中原 淳・中村和彦(나카하라 준・나카무라 가즈히코), ダイヤモンド社.

『中小企業の人材開発(중소기업의 인재개발)』, 中原 淳・保田江美(나카하라 준・야스다 에미), 東京大学出版会.

『マンガでやさしくわかる組織開発(만화로 쉽게 알 수 있는 조직개발)』, 中村和彦・松尾陽子(나카무라 가즈히코・마쓰오 요코), 日本能率協会マネジメントセンター.

『組織は変われるかー経営トップから始まる「組織開発」(조직은 변할까?: 경영 톱에서 시작되는 "조직개발")』, 加藤雅則(가토 마사노리), 英治出版.

『リーダーシップ進化論ー人類誕生以前からAI時代まで(리더십 진화론: 인류 탄생 이전부터 AI 시대까지)』, 酒井穣(사카이 미노루), 中央経済社.

『最強の戦略人事ー経営にとっての最高のCAO/HRBPになる(최강의 전략인사: 경영에서 최고의 CAO/HRBP가 되다)』, リード・デシュラ-/クレイグ・スミス/アリソン・フォン・フェルト(Reed Deshler/Craig Smith/Alyson Von Feldt), 東洋経済新報社.

『実はおもしろい経営戦略の話(사실은 재미있는 경영전략 이야기)』, 野田 稔(노다 미노루), SB クリエイティブ.

『マネジメント・ルネサンスー経営革新プロセスとスキーマ・チェンジ(매니지먼트 르네상스: 경영혁신프로세스와 스키마 체인지)』, 野村総合研究所情報開発部.

『あなたは, 今の仕事をするためだけに生まれてきたのかー48歳からはじめるセカンドキャリア読本(당신은 지금의 일을 하기 위해서만 태어났는가?: 48세부터 시작하는 세컨드커리어 독본)』, 伊藤 真・野田 稔(이토 마코토・노다 미노루), 日本経済新聞出版.

『キャリアショック どうすればアナタは自分でキャリアを切り開けるか?(커리어쇼크 어떻게 하면 당신은 스스로 커리어를 개척해갈 것인가?)』, 高橋俊介(다카하시 슌스케) ソフトバンククリエイティブ(소프트뱅크 크리에이티브).

『プロティアン 70歳まで第一線で働き続ける最強のキャリア資本術(프로티안 70세까지 제일선에서 계속 일하는 최강의 커리어 자본술)』, 田中研之輔(다나카 겐노스케), 日経BP.

『ビジネスの未来 エコノミーにヒューマニティを取り戻す(비즈니스의 미래 이코노미에 휴머니티를 회복하다)』, 山口 周(야마구치 슈), プレジデント社.

『世界標準の経営理論(세계표준 경영이론)』, 入山章栄(이리야마 아키에), ダイヤモンド社

『パーパス経営 30年先の視点から現在を捉える(퍼포스(purpose)경영 30년 앞의 시점에서 현재를 보다)』, 名和高司(나와 다카시), 東洋経済新報社.

『両利きの経営ー「二兎を追う」戦略が未来を切り拓く(수완가 경영: "두 마리 토끼를 쫓는" 전략이 미래를 개척하다)』, チャールズ・A・オライリ-/マイケル・L・タッシュマン(Charles A. O'Reilly/Michael L Tushman), 東洋経済新報社.

『幸せな職場の経営学(행복한 직장의 경영학)』, 前野隆司(마에노 다카시), 小学館.

『社員を生涯大切にして圧倒的な利益を上げる「中小企業の新・幸福経営」(사원을 한평생 소중히 하여 압도적인 이익을 올리다 "중소기업의 신 행복경영")』, 近藤宣之(곤도 노부유키), 日本経営合理化協会出版局.

『社長が成長し業績が向上する人事制度(사장이 성장하고 업적이 향상되는 인사제도)』, 松本順市(마쓰모토 준이치), 日本経営合理化協会出版局.

『事業発展計画書の作り方スターターキット(사업발전계획서 작성법 스타터 킷(starter kit))』, 日本経営合理化協会 [編].

『儲かるSDGsー危機を乗り越えるための経営戦略(돈 버는 SDGs: 위기를 극복하기 위한 경영전략)』, 三科公孝(미시나 히로다카), クロスメディア・パブリッシング.

『SDGsのすごい会社(SDGs가 상당한 회사)』, 川田精一·倉田潤(가와다 세이치·구라타 준)ほか, 扶桑社.

『SDGs思考 2030年のその先へ 17の目標を超えて目指す世界(SDGs사고 2030년 그 앞으로 17가지 목표를 넘어 지향하는 세계)』, 田瀬和夫(다세 가즈오)·SDGパートナーズ, インプレス.

『SDGsが生み出す未来のビジネス(SDGs가 만들어내는 미래의 비즈니스)』, 水野雅弘·原裕(미즈노 마사히로·하라 유타카), インプレス.

『SDGsの正体 メディア報道ではわからない真の目的とは(SDGs의 정체 미디어보도로서는 알 수 없는 진정한 목적이란)』, 村井哲之(무라이 데쓰유키), PHP研究所.

『今日からできる! 小さな会社のSDGs(오늘부터 할 수 있어! 작은 회사의 SDGs)』, 村尾隆介(무라오 류스케), 青春出版社.

『小さな会社のSDGs実践の教科書 1冊で基礎からアクション, マネジメントまでわかる(작은 회사의 SDGs 실천 교과서 한 권으로 기초부터 액션, 매니지먼트까지 알 수 있다)』, 青柳仁士(아오야기 히토시), 翔泳社.

『最先端のSDGs「ノハム」こそが中小企業の苦境を救う(최첨단 SDGs "노함(No Harm)" 이야말로 중소기업의 곤경을 구한다)』, 神田尚子(간다 나오코), サンクチュアリ出版.

『中小企業経営に生かすCSR·SDGs—持続可能な調達の潮流とCSR経営(중소기업경영에 활용되는 CSR·SDGs: 지속가능한 조달의 조류와 CSR경영)』, 商工総合研究所.

『中小企業のサステナブルブランディング〜SDGsを活用したマインドシェアNo.1ブランド構築の具体策(중소기업의 서스테이너블 브랜딩: SDGs를 활용한 마인드셰어 No.1 브랜드 구축의 구체적인 방안)』, 村木則予(무라키 노리요), エベレスト出版.

『社長のためのSDGs実践経営 経営方針を明確にしブランド力と人材力を高める(사장을 위한 SDGs 실천경영 경영방침을 명확히 해 브랜드력과 인재력을 높이다)』, 岡 春庭/中島達朗/岡真裕美(오카 하루니와/나카지마 다쓰로/오카 마유미), マネジメント社.

『ESG思考 激変資本主義1990-2020, 経営者も投資家もここまで変わった(ESG사고 격변자본주의 1990-2020, 경영자도 투자가도 여기까지 변했다)』, 夫馬賢治(후마 겐지), 講談社.

『60分でわかる! ESG超入門(60분으로 알 수 있어! ESG 초입문)』, バウンド [著], 夫馬賢治(후마 겐지)[監修], 技術評論社.

『図解でわかる 14歳からの水と環境問題(도해로 알 수 있어 14세부터의 물과 환경문제)』,
　　インフォビジュアル研究所, 太田出版.

『図解でわかる 14歳からの脱炭素社会(도해로 알 수 있어 14세부터의 탈탄소사회)』, イン
　　フォビジュアル研究所, 太田出版.

『図解でわかる 14歳からのプラスチックと環境問題(도해로 알 수 있어 14세부터의 플라
　　스틱과 환경문제)』, インフォビジュアル研究所, 太田出版.

『図解でわかる 14歳からのLGBTQ+(도해로 알 수 있어 14세부터의 LGBTQ+)』, 社会応援
　　ネットワーク, 太田出版.

『図解でわかる 14歳から考える資本主義(도해로 알 수 있어 14세부터 생각하는 자본주
　　의)』, インフォビジュアル研究所, 太田出版.

『2030年の世界地図帳 あたらしい経済とSDGs, 未来への展望(2030년의 세계지도책
　　새로운 경제와 SDGs, 미래에 대한 전망)』, 落合陽一(오치아이 요이치), SBクリエイティ
　　ブ.

『2030年, すべてが「加速」する世界に備えよ(2030년 모두가 "가속"하는 세계에 대비하자)』,
　　ピ-タ-・ディアマンディス/スティ-ブン・コトラ-(Peter Diamandis/Steven Kotler),
　　NewsPicksパブリッシング.

『2040年の未来予測(2040년의 미래예측)』, 成毛眞(나루케 마코토), 日経BP.

『人新世の「資本論」(인신세(人新世)(Anthropocene)의 "자본론")』, 斎藤幸平(사이토 고헤
　　이), 集英社.

『9割の社会問題はビジネスで解決できる(9할의 사회문제는 비즈니스로 해결할 수 있다)』,
　　田口一成(다구치 가즈나리), PHP研究所.

『選ばれ続ける会社とは サステナビリティ時代の企業ブランディング(선택받고 있는
　　회사란 서스테이너빌리티시대의 기업브랜딩)』, 細田悦弘(호소다 에쓰히로), 産業編集
　　センター.

『未来に選ばれる会社 CSRから始まるソーシャル・ブランディング』,(미래에 선택되는
　　회사 CSR부터 시작되는 소셜 브랜딩) 森摂(모리 세쓰)・オルタナ編集部, 学芸出版
　　社.

『ESG経営の実践 新国富指標による非財務価値の評価(ESG경영의 실천 신 국부지표에
　　의한 비재무가치의 평가)』, 馬奈木俊介(마나기 슌스케), 事業構想大学院大学出
　　版部.

『持続可能な経営と中小企業(지속가능한 경영과 중소기업)』, 同志社大学中小企業マネジメント研究センター[編], 関 智宏(세키 도모히로)[著].

『持続可能な地域のつくり方ー未来を育む「人と経済の生態系」のデザイン(지속가능한 지역을 만드는 방법: 미래를 키우는 "사람과 경제 생태계"의 디자인)』, 筧 裕介(가케 유스케), 英治出版.

『SXの時代〜究極の生き残り戦略としてのサステナビリティ経営(SX의 시대: 마지막 살아남기 전략으로서의 서스테이너빌리티 경영)』, 坂野俊哉·磯貝友紀(반노 도시야·이소가이 유키), 日経BP.

『サステナブルビジネス「持続可能性」で判断し, 行動する会社へ(서스테이너블 비즈니스 "지속가능성"으로 판단하고 행동하는 회사로)』, 出雲 充(이즈모 미쓰루), PHP研究所.

『やるべきことがすぐわかる!SDGs実践入門〜中小企業経営者&担当者が知っておくべき85の原則(할 일을 금방 알 수 있다! SDGs 실천입문: 중소기업경영자와 담당자가 알아두어야 할 85의 원칙)』, 泉 貴嗣(이즈미 요시쓰구), 技術評論社.

『SDGs入門(SDGs 입문)』, 村上 芽·渡辺珠子(무라가미 메구무·와타나베 다마코), 日本経済新聞出版.

『60分でわかる!SDGs超入門(60분으로 알 수 있어! SDGs 초입문)』, バウンド, 技術評論社.

『明快!中小企業のためのSDGs経営(명쾌! 중소기업을 위한 SDGs 경영)』, 越川智幸(고시가와 도모유키), 梓書院.

『ビジネスパーソンのためのSDGs教科書(비즈니스맨을 위한 SDGs 교과서)』, 足達英一郎·村上芽·橋爪麻紀子(아다치 에이치로·무라카미 메구무·하시즈메 마키코), 日経BP.

『Q&A SDGs経営(Q&A SDGs 경영)』, 笹谷秀光(사사야 히데미쓰), 日本経済新聞出版.